国家社会科学基金重大项目（21&ZD129）

智 能 账 务

Intelligent Accounting Treatment

张玉明　陈舒曼　李　松　陈　林　主编

中国财经出版传媒集团

经济科学出版社
Economic Science Press

图书在版编目（CIP）数据

智能账务/张玉明等主编 . -- 北京：经济科学出
版社，2023.8

ISBN 978 - 7 - 5218 - 5098 - 7

Ⅰ.①智⋯ Ⅱ.①张⋯ Ⅲ.①财务管理系统 - 研究
Ⅳ.①F232

中国国家版本馆 CIP 数据核字（2023）第 167562 号

责任编辑：杨　洋　杨金月
责任校对：郑淑艳
责任印制：范　艳

智 能 账 务

张玉明　陈舒曼　李　松　陈　林　主编

经济科学出版社出版、发行　新华书店经销

社址：北京市海淀区阜成路甲 28 号　邮编：100142

总编部电话：010 - 88191217　发行部电话：010 - 88191522

网址：www. esp. com. cn

电子邮箱：esp@ esp. com. cn

天猫网店：经济科学出版社旗舰店

网址：http：//jjkxcbs. tmall. com

北京季蜂印刷有限公司印装

787 × 1092　16 开　12.5 印张　230000 字

2023 年 8 月第 1 版　2023 年 8 月第 1 次印刷

ISBN 978 - 7 - 5218 - 5098 - 7　定价：45.00 元

前 言
PREFACE

在大数据时代，信息技术发展对各行各业产生了广泛而深远的影响，颠覆了原有的产业结构、商业模式和消费行为。例如，制造业通过自动化、物联网和大数据分析等技术实现了智能化生产；智能制造系统提高了生产效率和质量，降低了成本和资源浪费；数字化供应链管理和实时数据分析也使制造业企业能够更好地掌握市场需求和预测趋势。对于零售企业，消费者可以通过在线购物平台随时随地购买商品，零售商通过数据分析和个性化推荐提供更好的购物体验，物流和供应链管理的数字化也提高了产品的流通效率和库存管理能力。在健康医疗行业中，电子病历、远程医疗和智能医疗设备改善了医疗服务的效率和质量，减少了医疗错误和医疗资源的浪费，人工智能的应用在医学影像诊断、药物研发和个性化医疗方面也发挥着重要作用。

会计的本质是为企业生产经营等活动提供辅助性、支持性服务，其不可避免地在数字化浪潮中受到冲击，并进行变革以适应企业经营模式、组织架构和生存环境的变化。从实务工作中来看，会计在承担作为企业核心的核算责任的同时，直接承受了经济活动剧增所带来的账务处理压力，但目前应用广泛的会计电算化系统却无法缓解这一账务压力。在如今企业内的会计账务处理中，虽然如原始凭证的电子信息传递、会计凭证的汇总和财务报表的生成等绝大部分流程由专门的会计电算化或办公自动化软件来完成，但在编制会计分录等过程中，仍是由会计人员手工完成，即根据核对好的经济交易业务和原始凭证在会计电算化或办公自动化软件中手工选择或填制该业务对应的会计科目、记账金额和记账方向，之后再由软件生成相应的会计凭证做入账处理（杨睿行和张心泽，2018）。另外，对数据的监控与分析不足以支撑企业的战略决策，这也是传统账务处理软件的一大痛点。如何让机器学习应用于企业账务处理的全过程，更好地辅助生产经营活动的开展，是实现账务智能化处理的首要问题。

2017 年，以德勤为代表的国际四大会计师事务所相继推出了财务机器人及流程自动化解决方案，标志着机器人流程自动化（RPA）开始应用于财务领域。这除了能够通过提高工作任务的准确性来提升工作质量外，还可以进行审计跟踪、节省时间、节省成本和提高组织中员工的技能，可见 RPA 的引入为财务共享模式下财务核算全流程的优化注入了新的活力。另外，通过使用软件机器人取代人工劳动，企业员工还可以花费更多的时间专注于价值更高的工作（唐琦等，2019）。随着技术迭代与理念更新，智能账务系统的建设也迈入了一个新的阶段。2022 年，中兴财务云发布《财务数字化白皮书——从财务走向财经》，其中将智能账务系统可自动化进行的操作分为四类：一是操作记录类工作，对业务及其产生的数据进行处理记录；二是规则计算类工作，根据明确固定的规则执行计算过程；三是统计分析类工作，根据统计特征与逻辑关系对数据进行的分析；四是模型算法类工作，基于大量内外部数据，通过构建算法，在没有明确规则、关系模糊、因素多变的场景中探寻潜在数据价值。这四项功能叠加复合，可以代替大量的人工操作，完成包括会计核算、资金管理、税务管理与报表出具等财务会计基础操作，以及预算管理、绩效管理、成本管理、风险管理、投融资管理等管理职能的工作，同时也可以在财务与业务流程产生交互时，对包括从研发、采购到产品、营销等全周期的业务价值链提供深度支持，并立足于企业层面的战略布局以及运营管理，构建企业经营价值体系，支持战略从规划到执行的全过程。

信息时代对会计账务处理带来了自动化、智能化和数据驱动的变革，这提高了处理效率、准确性和决策支持能力，同时也对会计人员提出了更高的挑战。鉴于此，首先，本书从理论层面介绍智能账务处理的内涵和范畴、功能和特征等，简要概述其技术基础及在实务中的运用；其次，基于大数据、云计算、区块链、人工智能等新技术并结合中企数智操作系统的功能，展示智能账务处理的具体应用和操作流程。本书旨在从理论和实践的双重层面，探究智能账务处理理论体系的构建以及未来的动态演进与实现，以期拓宽现有的研究思路，并为企业实践提供借鉴。

《智能账务》一书是张玉明教授及其团队立足人工智能时代财务发展新方向的创新性成果，也是其智能会计系列成果的延展。本书由张玉明博士（山东大学二级教授，会计学博士研究生导师）提出创意、思路及提纲，与陈舒曼博士（北京大学会计学博士，山东师范大学会计系教师）、王春燕博士（山东大学会计学博士，山东财经大学会计系副教授）、殷宪峰［山东大学 MBA，注册会计师，大华会计师事务所（特殊普通合伙）合伙人〕等充分讨论。其中，陈子茹、张曼林、徐亮亮研究员（中国联通山东省分公司互联网数据中心运营总监）、刘睿智（山东大学管理学博士，中国海洋大学管理学院教师）、张鲁秀（山东大学管理学博士，济南大学商学院副教授）发挥了副主编的作用。各章执笔撰写人如下：第1～3章为陈林（山东大学会计学硕士，中华人民共和国审计署）、张玉明，第4～8章为陈子茹，第9～11章为张曼林，未列单位均为山东大学会计学系研究生和老师。感谢山东大学管理学院会计与公司财务系师生，山东大数据研究会及数智会计与财务分会会员、领导、老师以及济南市大为会计代理有限公司的相关数据支持！写作过程中还参考了相关学者的研究成果，并从中得到了重要的启示，已尽量将所有贡献在书中注明，在此一并致谢！

特别感谢经济科学出版社的领导、编辑和专家对本书的编辑和出版给予的热情帮助和支持。当然，由于本人水平有限，书中难免有不足之处，敬请各位前辈、同仁、读者批评指正。

本教材的配套实训软件、课件及学习参考资料由中企数智教育科技（山东）有限公司提供。网址：http：//zhongqishuzhi.com；或扫描下方二维码关注企业公众号：

山东大学二级教授/会计学博导　张玉明

2023 年 8 月 16 日

目 录
CONTENTS

理 论 篇

实 操 篇

理论篇

传统的账务处理方法存在一些固有缺陷，包括人工操作错误、时间和劳动成本高、数据处理具有复杂性、数据可靠性低和准确性风险等。同时，由于财会信息缺乏实时性和即时性，无法提供及时的数据分析以支持管理层决策。数字经济的发展和计算机技术的革新正在为账务处理的智能化发展提供新机遇。

作为数字化转型的重要组成部分，智能化账务处理可以帮助组织实现数字化和智能化的运营，推动组织从传统的纸质和手工处理向数字化、自动化和智能化的方式转变，提高组织的效率、灵活性和创新能力，这表现在以下几个方面：一是利用自动化和机器学习技术，自动执行烦琐的账务处理任务，以更高的速度和准确性处理大量财务数据，提高工作效率的同时确保账务处理的准确性，减少了人工操作的错误和时间成本。二是自动化和智能化的处理减少了人工干预和重复性工作，使会计人员能够更加专注于高价值的分析和决策支持任务，提高了工作效率和价值。三是提供了更丰富的数据分析工具，实现了实时数据处理和分析，使组织能够更快速地获得准确的财务信息，为决策者提供了实时的数据洞察和决策支持，使他们能够作出更及时和准确的战略决策，从而能更好地抓住机遇、应对挑战。四是智能化账务处理通过自动化和数据分析，能够实时监测和检测潜在的风险和异常情况，提供了更高效和全面的风险管理能力，帮助组织及时发现和应对风险，并确保合规性要求得到满足。智能化账务处理对于组织和会计工作来说具有重要的意义，使组织能够更好地应对竞争和变化，从而实现持续的成功。

本篇将从智能账务处理的理论基础、技术基础和处理应用三个部分展开。首先，以智能账务处理的研究背景与发展现状引入主题，对其内涵展开深入探讨；其次，介绍智能账务处理流程中应用的四项计算机技术，以及各自在智能账务处理系统中的应用；最后，着重介绍智能账务处理的两大目标：流程自动化及数据资产化，为实操篇做好理论铺垫。

第1章

智能账务处理的理论基础

本章重点

1. 了解智能账务处理的发展背景。
2. 掌握智能账务处理的内涵。
3. 把握智能账务处理的对象及应用差异。
4. 了解智能账务处理的构成要素。

案例导入 *

2005 年，丹尼尔·迪恩斯（Daniel Dines）成立了一家技术外包公司——DeskOver，为 IBM 和 Google 等大型公司提供自动化库和软件开发工具包。2013 年，DeskOver 接受了一项自动化任务的咨询，这为公司的战略重心转移提供了契机，很快 DeskOver 便更名为 UiPath，这是该公司代码库中的一个技术术语，意味着公司将精力集中在虚拟机器人上。

UiPath 的核心产品是一个流程自动化平台，它允许用户创建、管理和部署自动化流程，以模拟和执行人类用户在应用程序和系统中的操作，这些流程可以涵盖从数据提取和处理、文件操作、数据输入、报表生成等各种任务。UiPath 还提供了自动化的开发工具、控制台、分析和监控功能，以及与其他系统的集成能力，旨在帮助企业实现业务流程的自动化和优化。

在短短十年的时间中，UiPath 已成长为 RPA 软件的核心供应商，其产品在企业中被广泛应用于不同的领域，包括财务、会计、人力资源、客户服务、采购等。借助流程自动化这一概念，UiPath 成为有史以来发展最快的软件公司之一，已于 2020 年在纽交所上市，并成为唯一一家入选 2020 年福布斯 AI50 强的 RPA

---

* 详细案例和进一步讨论，请访问链接网址：http://zhongqishuzhi.com；或扫描章后二维码。

供应商①。

随着数字经济时代的到来，商业世界正在经历着前所未有的变革，而智能账务处理作为一种与传统会计相对应的理念，成为会计行业持续变革的必然要求。在全球范围内，以互联网为代表的新一轮科技革命和产业革命引领了数字经济的跨越式发展，大数据、云计算、人工智能、区块链等新兴技术成为各国竞争的战略高地。各国纷纷将数字经济作为提升经济发展能力的重要手段，积极发展数字基础设施、电子商务、电子政务等产业。数字经济的规模不断扩大，对全球经济增长起到了重要的推动作用。本章将深入探讨智能账务处理的理论基础，从数字经济的跨越式发展、新会计模式的呼之欲出、数据资产价值的深挖以及企业组织模式的变革等方面，揭示智能账务处理的内涵和构成要素，以期帮助读者全面理解智能账务处理在数字经济时代的重要性和应用前景。

1.1　智能账务处理的发展背景与现状

世界已经进入数字经济时代，由数字技术引发的第四次工业革命通过改变信息的获取、检索以及储存方式，掀起了商业世界的变革。未来，数字化的影响将深入社会的各个方面，会计行业作为经济社会重要的组成部分，其内涵、模式也将被彻底颠覆。全球化、竞争加剧以及技术的发展将促使会计行业进行持续的变革。由于互联网技术、智能算法、大数据引擎、机器学习等创新技术的参与而创造出的新会计模式引起了人们的广泛关注，"智能会计"作为一种与传统会计相对应的理念应运而生，其智能账务处理也相应创新。

1.1.1　数字经济的跨越式发展

以互联网为代表的新一轮科技革命和产业革命引领数字经济的发展，大数据、云计算、人工智能、区块链等新兴技术成为各个国家竞争的战略高地。当前，世界各国纷纷把数字经济作为提升经济发展能力的重要手段，着力发展半导

---

① 资料来源：UiPath 官网。

体、数字基础设施、电子商务、电子政务等产业，全球数字经济迎来新一轮发展
热潮。

2021 年，全球经济增速高达 5.8%，实现近 48 年来最快增长，与此同时，数
字经济受新冠疫情刺激，发展潜力加快释放，成为推动各国经济复苏的重要力量。
2021 年，全球 47 个主要经济体的数字经济规模为 38.1 万亿美元，较 2020 年增长
5.1 万亿美元，数字经济占 GDP 比重为 45.0%，同比提升 1 个百分点，可见数字
经济发展活力持续释放，在国民经济中的地位也稳步提升①（见图 1-1）。

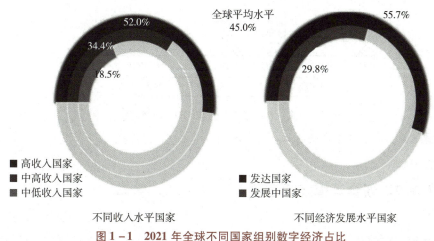

图 1-1　2021 年全球不同国家组别数字经济占比

资料来源：中国信息通信研究院。

我国数字经济的发展势头更为迅猛。根据中国信息通信研究院发布的数据，
以中国、美国、欧盟为首的全球数字经济发展的三极格局已经基本形成。我国拥
有全球最大的数字市场，数据资源领先全球，数字产业创新活跃，数字经济已经
实现跨越式发展。从数量上来看，2022 年，我国数字经济规模达到 174636 亿美
元，同比名义增长 10.3%，高于 GDP 名义增速 4.98 个百分点，这是自 2012 年
以来，我国数字经济增速连续第 11 年显著高于 GDP 增速②（见图 1-2）。

我国数字经济在国民经济中的地位更加巩固。2022 年，数字经济占 GDP 比
重进一步提升，超过四成，占比达到41.5%，这一比重相当于第二产业占国民经
济的比重（2022 年我国第二产业占 GDP 的比重为 39.9%），数字经济作为国民

---

① 资料来源：中国信息通信研究院发布的《全球数字经济白皮书（2022 年)》。
② 资料来源：中国信息通信研究院发布的《中国数字经济发展研究报告（2023 年)》。

经济的重要支柱地位更加凸显[①]。

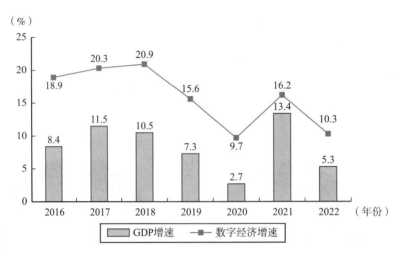

图1-2　数字经济增速与GDP增速对比

资料来源：中国信息通信研究院。

1.1.2　新会计模式呼之欲出

数字经济时代的到来，引致企业商业模式、产业环境、生产要素以及结构等方面发生了诸多变化，从而使传统会计已无法满足时代变化要求，智能会计是会计发展的必然要求。在这样的背景之下，商业模式深刻变化、数字化产业以及产业数字化迅速推进、资产趋于多样化、企业组织形态呈现新的态势，无不呼唤着新会计模式的出现。

1. 商业模式深刻变化

商业模式是企业为了获取收益和维持经营而采取的商业发展模式，是企业调动各种资源创造价值的模式。随着互联网时代的到来，商业模式有了很大的变化，打破了传统意义上能够依托的壁垒，以往的经营经验毫无用处，所以黑莓和诺基亚等企业被兼并或者倒闭，苹果一跃成为世界上市值最高的企业。我国的小米公司仅成立7年就市值飞涨。这些实例表明，数字经济时代的商业模式，需要

---

①　资料来源：中国国家互联网信息办公室发布的《数字中国发展报告（2022年）》。

让消费者直接参与到企业生产以及价值创造中。

随着新兴技术的发展，消费者不再像以往一样单方面地被迫选择市场中的商品，消费者的个性化需求被摆在了更加突出的位置，企业也因此变革原有的商业模式，以适应时代的新要求。因此，新的商业模式，其实是以消费者为中心的商业模式，在此商业模式下，定位大众，利用互联网技术缩小与用户的距离，更加深层次地及时了解用户需求，提升生产能力和创新水平，更好地抢占市场份额。通过引进研发资源平台、资源云平台等先进资源，为商业模式更好地推广和实现提供资源保障。通过自建用户平台以及与外部社交平台合作，加强与用户的交流，实时动态准确定位了解用户不断变化的需求。

以客户为中心、快速更迭、平台化的新商业模式需要个性化定制、财务信息反馈更为迅速、去中心化的新会计模式出现。

2. 数字化产业以及产业数字化迅速推进

作为数字经济的两个主要表现形式，不论是数字化产业还是产业数字化，都实现了快速发展。

一方面，数字产业化已成为构筑数字经济的发展基石，近几年数字产业化总体实现稳步增长。2022 年，我国数字产业化规模为 9.2 万亿元，比上年增长 10.3%，占 GDP 比重为 7.6%。数字产业收入规模为 29.3 万亿元，同比增长 9.8%，数字产业化基础夯实。产业内部结构持续软化，电信业、互联网、软件业收入占比 47.4%，较上年提高 0.4 个百分点。

另一方面，产业数字化进一步推进，对数字经济增长的主引擎作用更加凸显。2022 年，产业数字化规模为 41.0 万亿元，同比名义增长 10.2%，占 GDP 比重为 33.9%，占数字经济比重为 81.7%（见图 1 - 3）。三次产业数字化转型持续渗透，2022 年，我国第一、第二、第三产业数字经济渗透率分别为 10.5%、24.0% 和 44.7%。

产业数字化进程的迅速推进也进一步促使数字经济全要素生产率的平稳发展（见图 1 - 4），为传统企业财务信息共享、实现业财税管一体化提供了基础条件，也使传统的会计模式无法适应企业数字化转型后的财务管理需求。同时，数字化产业蓬勃发展也需要数字化、智能化的新会计模式。

（万亿元）

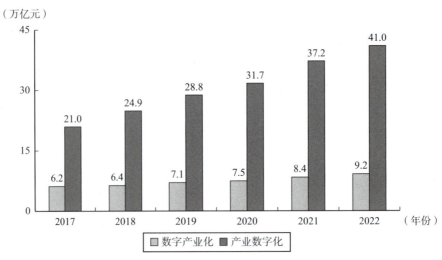

图 1 - 3　我国数字产业化和产业数字化规模

资料来源：中国信息通信研究院。

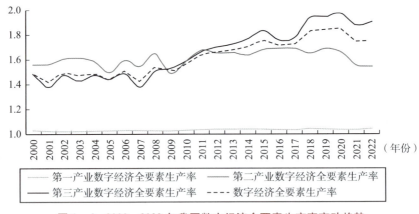

图 1 - 4　2000～2022 年我国数字经济全要素生产率变动趋势

资料来源：中国信息通信研究院。

1.1.3　数据资产价值有待深挖

数字经济时代的到来使企业的资产不再局限于流动资产、长期投资、固定资产、无形资产等传统意义上的资产。作为数字经济最基础的要素，数据资产随着企业信息化水平的不断提升以及产业互联网的普及和效能提升，在企业资产中的比重不断提升，成为企业不可或缺的重要价值。数据资产不仅在积累中形成并增强了企业的数据采集、分析能力，而且与物质资产和金融资产融合，创造出新的资产价值。

　　随着企业数据资产重要性的提高，财务数据作为企业管理的重要依据，反映了企业资金的运行情况。在大数据环境下，财务管理和财务信息涉及的范围更广，需要处理的信息也更多，这使财务管理更加繁重。随着财务数据的增加，工作量也会增加。首先，财务数据来源和采集渠道更加多样化，数据更新速度更快，迫切需要解决的问题是提高数据处理效率；其次，业务信息与财务信息的沟通更加顺畅，管理更加有力。企业收集的财务信息不仅包括现有的会计信息，还包括企业生产、销售等环节的信息，以及第三方的会计信息。信息采集的范围更广，这就要求企业提高财务工作效率，更深入地挖掘财务数据的价值。要想实现这一目标，就必须采取更具智能化、实时性、高效性的新会计模式。

1.1.4　企业组织模式亟须变革

　　数字经济的发展不仅带来了企业资产元素的改变，而且对企业等微观主体的内外部组织形态也带来了变革性影响（见图 1 - 5）。新制度经济学的诞生是由于经济学未能解释企业存在的意义，通过打开企业内部的"黑盒"，发现企业的诞生是由于市场的交易成本远高于企业内部。数字经济的出现或许又将使一切发生变革。一方面，企业内部的科层制正在遭受破坏，越来越多的企业愿意将企业的复杂架构扁平化，以提高创新效率和执行力；另一方面，企业的外部环境也在变化，企业不论规模大小都在积极组织或参与产业生态组织，社会也由于数字化手段的丰富而推动了网络化平台组织的出现和壮大。

　　数据驱动的企业和产业组织结构已经从科层制向柔性化、扁平化和平台化发展。企业管理结构有两次重大变革，一次是美国福特创立的流水线作业的"工业化大生产"模式，另一次是以日本丰田为代表的"精益生产"模式。大数据技术和数字化应用正在推动企业组织再次出现颠覆性创新的迹象，实现从精确的大规模标准化生产向个性化的柔性生产的转变。

　　充满变革色彩的数字经济时代不仅改变了财务人对管理实践和技术逻辑的认知，也对财务组织的业务模式有了新的探索。智能会计是现代会计与数字经济紧密结合的产物，是新经济、技术环境迭代发展所带来的商业模式、产业环境、企业资产组成、组织形态颠覆式变革对会计新要求的结果，是传统会计转型发展的必然方向。智能会计时代已然来临！

图 1-5　企业组织模式变革

1.2　智能账务处理的内涵

信息技术的发展和会计理念的更新使智能账务处理这一概念的内涵得以丰富，从对象上来看，任何组织实体都有实现账务处理智能化的需求和机会；从含义上来看，除了记录、核算和报告等活动外，税务处理、资产管理等都逐渐被囊括在内，正在向着"业财管"一体化的方向前进；从构成要素来看，智能账务处理的全部子系统离不开数据识别与处理、分析与监测的大框架。本节将对智能账务处理的对象、内涵界定及构成要素展开详细介绍，旨在帮助读者明晰智能账务处理的深刻含义。

1.2.1　智能账务处理的对象

智能账务处理是指运用大数据、云计算、光学字符识别、财务机器人、区块链等一系列现代化信息技术，将经济事项按照规定的会计准则进行分类、记录、审核、调整和报告的过程，其对象主要包括企业和政府等经济实体和机构。在不同的对象上，智能账务处理有着不同的应用场景和要求。

1. 企业

企业是智能账务处理的主要对象之一，是一种生产和经营活动的组织形式，也是社会经济发展的主要力量之一。在企业中，智能账务处理主要包括财务核算、成本核算和管理决策等方面，旨在提供准确完整的财务信息和分析报告，帮助管理者进行经营决策和风险评估。

在财务核算方面，智能账务处理可以利用自动化技术对各类财务数据进行快速准确的处理和记录，从而减少错误和漏洞，提高财务数据的准确性和可靠性。同时，智能账务处理还可以实现财务流程的自动化，包括票据、收款、付款等各个环节，以提高工作效率，降低处理成本。

在成本核算方面，智能账务处理可以通过数据分析和建模，对各类生产过程和产品成本进行全面的计算和分析，包括直接成本和间接成本、固定成本和变动成本等各项成本。这有助于企业了解生产过程和产品成本的结构和变化，帮助企业决策者更加精细化地管理成本，优化制造和供应链管理。

在管理决策方面，智能账务处理可以通过数据分析和预测，对企业财务数据进行深层次的挖掘和分析，提供实时、准确、全面的经营指标和财务分析报告，帮助企业决策者及时掌握企业的经营情况，并进行战略规划和决策。

需要指出的是，智能账务处理在企业中的应用需要建立在良好的财务管理基础之上。企业应规范完善财务管理制度，加强财务数据的完整性和准确性，保证数据的来源、合法性和真实性。同时，企业应加强对智能化技术的开发和应用，提高对人工智能和大数据等技术的认识和应用能力，以便更好地应用智能账务处理，提升财务管理和决策水平。

2. 政府

政府也是智能账务处理的一个重要对象。政府的收支状况直接关系到国家的经济稳定和社会福利的改善。政府的智能账务处理主要涉及政府的预算编制、财政收支管理、国库管理和政府债务管理等方面。

在政府的预算编制方面，政府需要按照各项规章制度和国家财政法规的要求，制定年度预算计划，明确政府的收入、支出和项目安排等。在财政收支管理方面，政府需要合理安排财政收支，通过预算控制等手段，确保国家财政的可持续性和稳定性。国库管理是指国家资金的接收、保管和支付等活动。政府需要指定财政部门负责国库管理，并充分利用技术手段建立高效的资金管理和监控系统。政府债务管理是指政府为筹集国家建设资金而发行政府债券的管理活动。政府需要规范管理债务风险，避免出现过度借债和借贷风险等问题。

综上所述，智能账务处理是按照会计准则对经济事项进行分类、记录、审核、调整和报告的过程。智能账务处理的对象主要包括企业和政府等。企业需要进行财务核算、成本核算和管理决策等方面的处理；而政府则需要进行政府的预算编制、财政收支管理、国库管理和政府债务管理等方面的处理。在不同的对象上，智能账务处理具有不同的应用场景和要求。

1.2.2　智能账务处理的内涵界定

智能账务处理包括了对企业财务业务的全面管理、记录和处理，可以归纳为以下四个方面：记录、分类和加工，核算、审计和报告，税务处理，资产管理。通过这些活动，企业可以保证其账目准确无误、合规合法，并为企业的发展规划和决策提供有力的支持。因此，账务处理是企业管理中不可或缺的一环，也是为管理者提供财务信息、促进决策制定和管理的重要手段之一。智能账务处理的内涵包括以下四个方面。

（1）记录、分类和加工。

智能账务处理的第一步是对企业的各项财务业务作出准确的记录，并按照一定的分类进行归纳和加工。这个过程需要准确地记录每一笔收支和明细账务，包括收入、支出、资产、负债等方面的信息，并将其按照一定的分类和准则进行归类、加工和汇总。

（2）核算、审计和报告。

智能账务处理的第二步是对企业的财务信息进行核算、审计和报告。这个过程首先需要对企业的各项业务进行核算，包括成本核算、利润核算和税收核算等方面；其次，还要为后续进行的财务审计做铺垫，以确保账目的准确和真实性；最后，根据需要，进行财务报告的生成和提交，以帮助管理者全面了解企业的财务状况。

（3）税务处理。

税务处理是智能账务处理中的重要环节，是指对企业的税务业务进行规范、记录、核算和报告等方面的管理。这个过程需要对企业的各项税费进行及时记录和缴纳，并按照一定的税务准则进行核算和报告，以避免财务风险和税务风险。

（4）资产管理。

资产管理是智能账务处理的重要组成部分，是指对企业的各种资产进行记录、管理、保护和增值的一系列活动。这个过程需要对企业的各种资产进行精准的管理和记录，包括固定资产、长期投资、应收账款等方面，并按照一定的规则进行折旧和计提，以及面向未来进行投资和规划。

不同的企业和行业在账务处理中会有不同的要求和标准，但以上四个方面是贯穿整个账务处理过程的基本内涵。为了保证账务处理的质量和准确性，企业需要在处理中遵守一系列的道德规范和法律准则，并配备相应的人员和技术设施，以确保账务信息的安全和可靠性。

1.2.3　智能账务处理的构成要素

智能账务处理是企业经营管理中非常重要的一环。它涉及企业的账务信息收集、记录、处理、分析和汇总等多个方面，对企业的经营决策、财务报表以及财务状况的监控和掌握都具有十分深远的影响。在此，将深入分析账务处理的构成要素。

1. 账务信息收集

账务信息收集，顾名思义就是企业向外界收集与财务有关的信息。账务信息收集的渠道主要来自企业内部，如会计凭证、收支凭证、银行账单、收据、发票、合同等。在收集账务信息时，需要按照一定的分类和规则进行整理和编码，以便于后续的处理。

2. 账务信息记录

账务信息记录是一项基本工作，是会计核算的基础，能够进一步帮助企业掌握财务状况和制订战略计划。将收集到的账务信息以会计凭证、账簿等方式进行记录，完成了账务信息的初步处理。财务记录需要遵循会计基本原则和会计准则的规定，以确保账务信息的准确性和可查性。

3. 账务信息处理

账务信息处理是将记录好的账务信息进行分类、归纳、总计，计算出各种财务指标和报表。在这个过程中需要注意会计科目的分类和账户的调整等内容，同时还包括会计审核和复核的环节。这个过程需要严格按照会计准则和财务管理制度的要求进行。

4. 账务信息分析

账务信息分析是把处理好的财务数据进行深层次的挖掘和分析，包括利润状况、现金流量、成本控制等。账务信息分析可以帮助企业决策者及时掌握企业经营情况，并进行战略规划和决策。常用的财务分析方法包括水平分析、垂直分析、比率分析和趋势分析等。

5. 账务信息汇总

账务信息汇总是将各项数据进行汇总和比对，以得到完整的账务信息。这个过程包括各种报表的制作，如资产负债表、现金流量表、利润表等。账务信息汇总需要按照会计准则和规定的格式进行，以提供准确、清晰的账务信息给企业管理者、股东、投资者和其他相关方。

综上所述，账务信息收集、记录、处理、分析和汇总是构成账务处理的主要要素。每个要素都需要严格按照会计准则和财务管理制度的要求实施，以确保账务信息的准确性和可靠性。一般来讲，企业聘请专业的会计师团队来完成账务处理，可以确保账务信息的准确性和及时性，从而帮助企业作出正确的经营决策。

1.3　本章小结

由于数字经济时代的到来、传统会计模式与业务模式已不再适配等原因，智能账务处理这一概念诞生了。针对不同的对象，智能账务处理系统有着不同的应用场景和要求，灵活性颇高，因而得到了广泛应用。通过本章的学习，为学生后续研习智能账务处理业务等提供了一个可以支撑的时代背景和理论基础，并引发学生对于信息技术时代智能化账务处理发展趋势的思考。

 思考题

1. 智能账务处理这一概念是怎样发展起来的？
2. 智能账务处理的内涵是什么？请详细展开说明。
3. 不同性质的组织在自动化账务处理的应用方面有什么区别？

思考题要点及讨论请扫描以下二维码：

第 2 章

智能账务处理的技术基础

 **本章重点**

1. 了解智能账务处理的基础技术。
2. 了解光学字符识别技术对智能账务处理的支撑。
3. 了解财务机器人对智能账务处理的支撑。
4. 了解物联网技术对智能账务处理的支撑。
5. 了解区块链技术对智能账务处理的支撑。

案例导入[*]

随着人们对数字化转型的依赖越来越大，光学字符识别（OCR）、财务机器人（RPA）、物联网（IoT）、区块链（Blockchain）等技术也变得越来越普遍，尤其在财务领域，自动化处理、智能财务解决方案以及区块链技术的应用也是大势所趋。这些技术能够帮助企业简化财务流程、提高效率、降低风险以及增强数据可信度，有助于财务会计工作的更好管理和控制。

云南中烟作为全国卷烟产销规模最大的省级烟草工业公司，为实现深化改革、高质量发展的数智化转型，以统一信息化平台建设，成功实现了对思爱普（SAP）软件的国产化、云化替代，开创了行业先河，并按照统一标准、统一平台、统一流程实现企业"三流合一、上下贯通、左右协同"。同时以新一代企业资源计划（ERP）为基础，云南中烟搭建的智能财务云平台，实现了"预算业务、财务"一体化；深度应用了人工智能、图像识别、电子发票、财务机器人等各项前沿的智能技术，构建了面向未来、灵活智能、与管理会计相融合的财

---

[*] 详细案例和进一步讨论，请访问链接网址：http://zhongqishuzhi.com；或扫描章后二维码。

务平台。①

　　在光学字符识别、财务机器人、物联网、区块链等具体技术的作用下，目前中国大量企事业单位也开始在会计核算、费用报销、税务管理等多个财务领域广泛尝试使用人工智能技术，并且应用的热度仍然在不断提升。

　　智能账务处理技术基础是智能账务处理系统中的重要支持，能够提高处理效率、提升数据准确性、加强数据安全性，同时提供实时的洞察和决策支持，促进了合规和审计，从而成为现代企业财务管理的重要工具，帮助企业实现高效、准确和可靠的财务管理和决策。本章将主要介绍几项关键的技术，包括光学字符识别（optical character recognition，OCR）、财务机器人（robotic process automation，RPA）、物联网（Internet of Things，IoT）和区块链（block chain），探讨智能账务处理技术的特点和优势对提升财务数据处理效率和质量的支撑作用。

2.1　光学字符识别

　　在智能账务处理系统中，无须人工录入即可及时自动识别发票上的信息（公司抬头、金额、编号等），并直接导入数据库；把摄像头对准名片，也可实时扫描以导入客户信息，所有这些场景都用到一项共同的技术——光学字符识别（optical character recognition，OCR）。因 OCR 技术软件的稳定性、便捷性以及通用性，现已普及推广到文档及证件识别、信息管理、图像编辑、财务管理等诸多方面。

2.1.1　OCR 的概念与内容

　　OCR 源于对字符识别的需求和计算机视觉技术的发展，在现代社会中具有极其重要的作用。OCR 的渊源可以追溯到 20 世纪初，这一技术能够将纸质文档中的内容快速转换为计算机可处理的数字形式，以便进行数字化存储、编辑和检索。随着技术的进步，OCR 逐渐成熟，并在多个领域发挥了巨大作用。其重要性主要体现在文档数字化、智能搜索与检索和自动化处理等方面。

---

① 资料来源：智能财务研究院发布的《人工智能技术财务应用蓝皮书》。

1. OCR 技术的概念

OCR 指光学字符识别，是将任何手写或打印的图像转换为可由计算机读取编辑的数据文件。OCR 通过扫描纸质的文章、书籍、资料，借助与计算机相关的技术将图像转换为文本，达到提高工作效率和改善文本存储能力的目的。OCR 技术可以分为传统的 OCR 技术方法和基于深度学习的 OCR 技术方法。除了 OCR 之外，文档图像分析和识别（DAR）与场景文字识别（STR）是文档图像处理领域更宽泛的概念，前者针对文档的图像识别与处理；后者针对自然场景中文字的检测与识别，是 OCR 的重要分支。随着技术的不断发展，OCR 的内涵也在不断拓展。相较于传统的 OCR 技术，基于深度学习的 OCR 将繁杂流程解构为两部分：一是用于定位文本位置的文本检测；二是用于识别文本具体内容的文本识别。具体如图 2 – 1 所示。

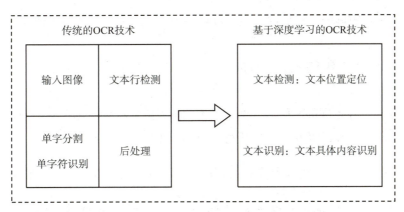

图 2 – 1　传统 OCR 技术向基于深度学习方法的 OCR 技术演进

2. OCR 技术的内容

基于 OCR 识别系统的目标是把图片信息内容转换为计算可以处理的字符，不仅减少了存储空间，方便查询和提升检索速度，而且减少了人力手动输入的时间，降低了出错率。当前的 OCR 技术主要包括：图像预处理、文字特征抽取、数据库对比识别、字词后处理等。

（1）图像预处理。

图像预处理包括图片二值化、去噪、倾斜校正处理等方面。二值化能够将待处理图片区分为前景和背景，从而更好、更快地识别文字；而针对扫描、发票等文档图片上的墨点和印章，去噪可以减少对 OCR 的干扰。

（2）文字特征抽取。

文字特征抽取属于传统的特征提取方法，主要包括基于结构形态的特征提取和基于几何分布的特征提取。前者提取方法主要包括边界特征法、傅里叶特征算子法、形状不变矩阵法等；后者提取方法可以分为二维直方图投影法、区域网格统计法。

（3）数据库对比识别。

对图片文字字符特征统计完成后，OCR 产生一组数据或者向量匹配数据库，数据库的字集与待匹配文字由一样的特征抽取方法所得。匹配距离算法的方法主要有松弛计算匹配法、欧式距离空间匹配法、动态规划匹配法等。

（4）字词后处理。

从数据库匹配得来的文字中，通常有一系列的相似候选字组产生。字词后处理通过联想词改错和纠正功能，依据前后的识别文字，通过贝叶斯统计概率算法找出最合乎逻辑的词，然后改正识别为错的字，从而提高匹配的正确性。

2.1.2　OCR 的发展历程

OCR 技术在不同的时间段内经历了不同的发展阶段和技术突破，根据每一阶段的特点和里程碑，OCR 的发展历程可以划分为以下四个阶段。

1. 第一阶段：产生萌芽阶段（20 世纪 20 年代至 20 世纪 60 年代）

1929 年，德国科学家陶舍克（Tausheck）最先提出 OCR 文字识别概念；1946 年，电子计算机诞生，使 OCR 技术得以真正实现；1966 年，汉字识别最早由 IBM 公司的工程师凯西（Casey）与纳吉（Nagy）通过模板匹配方式得以实现。

2. 第二阶段：缓慢发展阶段（20 世纪 60 年代至 20 世纪 90 年代）

OCR 技术真正发展到应用阶段是 20 世纪 60 年代，在专家学者的不断探索下，第一代 OCR 产品出现。法灵顿公司（Farrington）和国际商业机器公司（又称万国商业机器公司）（IBM）率先研制成功了 OCR 系统 Farrington 3010 和 IBM 1287，能够识别制定的印刷体的数字、英文字母和部分符号。20 世纪 60 年代末至 70 年代初，其在第一代产品基础上开发出第二代产品，实现了手写字体的字符识别。

3. 第三阶段：发展应用阶段（20 世纪 90 年代至 21 世纪初）

20 世纪 90 年代，卷积神经网络结构（LeNet5）的出现开创了深度学习的新纪元，该网络专门针对与手写数字识别相关的问题进行设计，结合了卷积神经网络和池化层，并使用了类似于现代深度学习中所常用的反向传播算法进行训练和优化，给 OCR 技术的发展带来了新的契机，让 OCR 技术得以实现商用化。

4. 第四阶段：快速发展阶段（21 世纪初至今）

2012 年，神经网络（AlexNet）的出现使视觉相关技术进入爆发期，识别网络和物体检测框架的创新促进了 OCR 技术的快速发展。例如，文字检测领域发展了文本监测网络（CTPN）、文本框（TextBox）系列的专用检测技术，文字识别领域演变出以 CNN + RNN + CTC 等为主流的识别方式，OCR 领域的发展日新月异。

2.1.3　OCR 技术对智能账务处理的支撑

OCR 文本识别技术在会计业务上的应用，主要是进行凭证识别，如增值税发票识别、支票识别、银行票据识别、营业执照识别等。融合大数据、人工智能、云计算等新技术，OCR 文本识别技术识别并存储纸质资料，拓展会计数据来源，丰富完善数据维度，降低企业内部风险，提高账务服务水平（见图 2 – 2）。

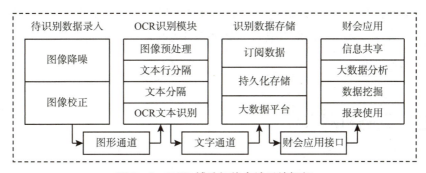

图 2 – 2　OCR 辅助智能会计系统框架

1. 拓展财会数据来源，丰富完善账务数据维度

在工作实践中，OCR 工作的主要流程环节涵盖待识别数据导入、OCR 识别

模块、识别数据存储、财会应用。第一，OCR 辅助财会系统输入图像，对图像进行降噪处理，校正倾斜与变形部分，将图片发布到图形通道；第二，OCR 识别模块获取处理后的图片并进行预处理；第三，OCR 进行文本检测，进行文本行分隔与文字分隔；第四，进行 OCR 文字识别并发布到文字通道，对财会模块中的数据进行持久化存储；第五，开发数据应用接口供财会平台分析使用。随着数字化财会平台的建设，智能化会计模式已经形成。以电子发票为例，在传统财会模式下，人工甄别很难在众多资料中发现两张发票存在同样内容（如发票识别号），将 OCR 技术应用到智能会计中，可将所有业务活动电子化以建立数据库，实现了重复筛查以全面反映财会问题，另外，还可以依靠辅助系统提取会计数据进而建立模型。这大大地拓展了数据来源，丰富完善了财会数据维度，"点"或"面"的数据系统升级为立体式会计平台模型，从而构建业财税管一体化的财会立体架构。

2. 提高财会服务水平，降低企业内部账务风险

文本信息是互联网资源的主要组成部分，文本正以指数级数量不断翻番。首先，引入 OCR 技术，融入自然语言处理（NLP），在很短的时间内提供更多有价值的信息，不仅提高了财会自动化水平，而且提高了财会工作效率。其次，利用识别技术进行信息加工、数据存储、知识挖掘、平台利用，不断地优化企业的工作流程，大大降低了运营管理成本。再次，将结构化数据、半结构化数据转换为可识别的文本数据，开放财会数据的接口服务，提高了用户体验效果，提升了财会服务质量。最后，基于财务大数据，OCR 结合物联网、机器学习算法，建立智能分析模型，"观察"大数据集合，从无到有"创造"财务信息，从有到精"发现"业财规律，构建智能账务系统，转变会计核算职能，降低企业内部风险，赋能企业创造价值。

2.2　财务机器人

财务机器人通常基于先进的数据分析和机器学习算法处理大量的财务数据并识别模式和趋势，包括会计记录、账务核对、财务报告、预算规划、风险评估等。一方面，财务机器人可以与企业的财务系统和其他数据源集成，自动提取财务数据，减少人工操作错误和风险。另一方面，通过深入分析财务数据，财务机

器人可以提供更准确的财务预测和风险评估，帮助企业作出更明智的财务决策。此外，财务机器人还可以自动生成财务报告、分析图表和数据可视化，使财务信息更易于理解和传达。

2.2.1　RPA 的概念与特征

财务机器人（robotic process automation，RPA）作为一种基于人工智能技术的智能财务管理工具，正逐渐在企业的各个领域取得广泛应用。其独有的特征和功能使其成为企业提升效率、降低成本的重要工具。对 RPA 概念和特征的了解，能够帮助企业借助新技术来更好地处理和应对挑战，共同构建智能化账务处理系统。

1. RPA 的概念

财务机器人是一种基于人工智能技术的智能财务管理工具，能够对企业财务数据进行自动化分析和处理，以提升财务管理效率和水平。它可以帮助企业实现会计科目的自动分录和处理、票据管理、凭证处理、客户关系管理、供应链管理、风险管理、税务管理等方面的业务。此外，财务机器人还可以通过 AI 技术，如深度学习、机器学习、自然语言处理等技术实现财务的智能化、人性化的操作，如预测分析、财务智能、自动报表、自动筛选合同以及支出管理、财务咨询等方面的业务。财务机器人的出现为企业提供了全方位的财务管理支持和服务，可以提高财务工作的效率和精度，降低财务成本和风险。

会计流程自动化离不开 RPA 和机器学习的技术。RPA 也被称为数字化劳动力，是数字化的支持性智能软件，能够完成以往只有人类才能完成的工作，或者成为高强度工作的劳力补充（陈虎等，2019）。从功能上来讲，RPA 是一种处理重复性工作和模拟手工操作的程序，可以实现数据检索与记录、平台上传与下载、数据加工与分析、信息监控与产出这四大功能。而基于大数据的机器学习在财务会计方面可以帮助实现高效识别并提取业务信息，并且可以改进现有记账凭证的转换规则；在企业战略管理层面能够更好地做到风险管控，通过精准预测帮助企业更好的决策。RPA 和机器学习的技术在智能化账务处理中所扮演的角色如图 2-3 所示。

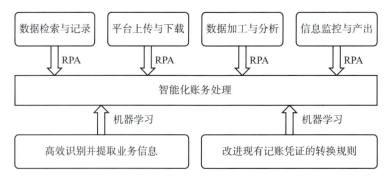

图 2 – 3　RPA 和机器学习在智能化账务处理中的作用

2. RPA 的特征

机器人流程自动化，通过使用用户界面层中的技术，模拟并增强人与计算机的交互过程，执行基于一定规则的、可重复任务的软件解决方案。与其他应用程序相比，RPA 的特点主要有 24 小时机器处理、基于明确规则编写脚本、以系统外挂形式部署操作、模拟用户操作与交互动作。

现今已经有不少企业在办公领域采用 RPA 取代一些重复和烦琐的日常流程，包括财务管理、税务管理、合规管理、数据科技、金融、人力资源等领域。RPA 发展速度快，其推动力在于企业渴望利用技术提升工作效率与质量，以降低人工成本，而传统软件系统开发需要选择一种程序语言，如 C + + 、Python 或者 Java 等。之后程序员需要全面详细、逻辑严谨，从头编辑程序脚本。RPA 不同于传统的软件系统，其大部分是通过直接录制的方式捕捉用户的操作规则，不需要编辑程序。除此之外，与 IT 系统相比，RPA 投资回报周期短、成本低；与增加人力劳动相比，RPA 为企业降低了人工成本，减少了出错率。

2.2.2　RPA 的发展历程

财务机器人是一种基于人工智能技术的智能财务助手，能够对企业财务数据进行自动化分析和处理，从而提升财务管理的效率和水平，以下是财务机器人的发展历程。

1. 早期阶段（2010 ~2014 年）

在财务机器人的早期阶段，主要集中在财务自动化处理方面，包括会计科目的自动分录和处理、票据管理、凭证处理等。目前，国外开发的财务机器人大多数属于这个阶段，已经具备较为成熟的技术和市场基础。

2. 普及应用阶段（2015～2017 年）

在财务机器人的普及应用阶段，主要集中在客户关系管理、供应链管理、风控管理、税务管理等方面的应用，这一阶段财务机器人的使用范围和功能不断拓展，逐渐形成了客户关系管理、销售管理、财务监控、库存管理等方面的功能特点。

3. AI 化应用阶段（2018 年至今）

在财务机器人的 AI 化应用阶段，AI 技术成为财务机器人的重要开发方向，如深度学习、机器学习、自然语言处理等技术的应用可以帮助财务机器人实现更加智能化、人性化的操作。财务机器人越来越多地应用于预测分析、财务智能、自动报表、自动筛选合同以及支出管理、财务咨询等方面的业务。

综上所述，随着 AI 技术的不断发展和进步，财务机器人的应用场景和功能将会不断拓展，通过智能化应用，财务机器人将成为财务领域的可靠助手，为企业财务决策和财务管理提供更多、更好的服务。

2.2.3　RPA 技术对智能账务处理的支撑

对于纳税主体较多的集团型企业，由于纳税申报的数据来源不同，如来自财务信息系统、开票软件或其他台账等，手工操作量极大，但当存在较多纳税主体需要编制报表时，数据准确性无法保障，人工处理部分的工作占比过高，数据处理、报表编制效率不高。企业税务申报流程的痛点可归为以下几点：申报数量大，财务共享中心集中处理集团各分公司和子公司的税务申报业务，数量庞大；纳税主体多，集团型企业纳税主体多，财务共享中心纳税申报人员需要频繁切换各税务平台进行申报；人为操作风险高，手工操作量大，数据准确性难以保障，存在人为操作风险；工作内容枯燥，存在重复性操作。

智能化账务处理纳税申报可以被分为四大子过程：数据准备、数据申报、账务处理、成果输出，具体如图 2-4 所示。

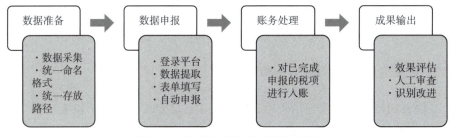

图 2－4　智能化账务处理纳税申报

数据准备过程主要是指与本地数据如税务主体信息、开票信息、财务信息等信息的交互；而数据申报指的是与税局系统的交互，如登录、数据填写、提交等动作；账务处理过程则是纳税、缴税的账务化反映；成果输出包括效果评估、人工审查及识别改进。

1. 数据准备的主要内容

（1）利用 RPA 工具，通过脚本的预定义，期末机器人自动登录账务系统，如试算平衡表、固定资产子账目等、国税系统按照税务主体批量导出财务数据、增值税认证数据等税务申报的业务数据。

（2）机器人自动获取事先维护好的企业基础信息用以生成纳税申报表底稿。

（3）对于需要调整的税务差异、会计差异、进项税数据差异、固定资产进项税抵扣差异、预缴税金等自动通过设定好的规则进行调整，借助预置的校验公式进行报表的校验，如财务科目与税务科目的数字校验等。

（4）机器人将处理好的数据放到统一的文件夹中，统一命名格式、统一存放路径，由人工进行审查或干预。

2. 数据申报的主要内容

（1）对于核对审查无误的数据，执行脚本由机器人按照公司主体自动登录税务申报系统。

（2）执行纳税申报底稿的读取。

（3）表单填写，自动导入底稿的相关数据。

（4）自动申报，执行纳税申报表提交，完成纳税申报，并将相应的信息保存在本地。

3. 账务处理的主要内容

（1）税务分录的编制与自动输入：根据纳税、缴税信息完成系统内税务分录的编制。

（2）计算递延所得税并完成分录的编制与输入：对于涉及递延所得税的，自动进行递延所得税资产或负债的计算并完成系统内的入账。

4. 成果输出的主要内容

对财务机器人纳税申报的效果进行评估，某些易错点由人工进行审查，将识别出的待优化节点进行优化。

实施纳税申报自动化可以降低集团型企业的办税负担，实现优质管控；保障税务数据的准确性，避免税务风险；释放税务人员的精力，提升个人价值。

2.3　物联网

物联网被誉为继计算机和互联网之后，信息产业的第三次浪潮。在美国国家情报委员会发布的《2025 年对美国利益有潜在影响的关键技术报告》中，物联网被列为 6 项关键技术之一。这一领域的发展将推动信息网络向全面感知和智能应用两个方向延伸和发展，形成开放式的"云、管、端"网络架构。随着信息技术的飞速进步，互联网和物联网已经将全球连接在一起，其核心和本质在于将一切业务数据化，为智能财务注入全新的动力和能量。

2.3.1　物联网的概念与特征

物联网将数据连接、感知推向全新的高度，为智能财务带来了全面改变，其核心和本质即一切业务数据化，数据赋予智能财务以新动能。

1. 物联网的概念

物联网（Internet of Things）最早是由凯文・阿什顿（Kevin Ashton）教授在 1999 年提出来的，具体为：一个由通信设备连接而成的世界，它们被称为"物联网"。根据 2008 年 3 月欧洲智能系统集成技术平台（EPOSS）在 *Internet of*

Things in 2020 上的报告，中国物联网的理念和应用已经走在了世界前列。物联网是通过装置在物体上的射频识别（RFID）、传感器、二维码等技术，通过接口与互联网连接，为物体赋予"智慧"，实现人与物体的"对话"，达到物体与物体之间"沟通"的互联互通。简单地讲，物联网通过互联网技术，将传感器、设备、物体和其他物理对象连接在一起，并使它们能够相互交互和共享数据的网络系统。这些物理对象可以是智能设备、传感器、车辆、家电、工业设备、建筑物等，这些对象通过嵌入式技术和网络通信能力，实现与互联网的连接。物联网的核心概念是通过实时感知和远程控制，将现实世界中的物体与数字世界相连接，以实现智能化的数据收集、传输、分析和应用。通过物联网，这些物体可以实现自动化操作、数据交换、远程监控和智能决策，从而实现更高效、智能的生产和生活方式。物联网的应用范围非常广泛，涵盖了工业、农业、交通、健康医疗、智能家居等众多领域。物联网为人们带来了更便捷、智能的生活体验，同时也为企业提供了更高效、精准的生产和管理方式。然而，随着物联网的发展，也需要注意数据隐私和网络安全等方面的挑战，以确保物联网的稳健和可持续发展。

2. 物联网的基本特征

物联网的基本特征主要有三个方面：第一，物联网是各种感知技术的广泛集成应用。物联网部署了多种类型的传感器，其获得的信息与数据具有实时性，并能根据环境变化与频率后期进行自我更新，据此衍生出新的知识与信息，服务人们进行判断决策。第二，物联网是建立在互联网基础上的泛在网络。毋庸置疑，物联网的基础与核心仍为互联网，"物联网"（Internet of Things）是手段，"服务互联网"（Internet of Service）是目的，通过有线网络、无线网络与互联网融合，将物体信息实时准确地传送，传输机制通过泛在网络适应各种异构的网络协议，以保障信息的正确性、即时性、有效性。第三，物联网具备智能处理数据的能力。通过融合传感器与智能处理，利用与计算、模式识别等智能技术，物联网可以实现分析、挖掘、加工海量信息，针对用户的差异化需求，提供异质性的信息服务和应用模式。

2.3.2　物联网的关键技术

物联网的关键技术是指使物联网系统能够实现互联互通、感知和数据交换的关键技术要素，包括技术组成和层次结构等方面。物联网的技术组成能够帮助其实现功能和特性，层次结构能够使整个物联网系统组织起来，使物联网能够有序运行并实现各种功能。两者相辅相成，共同构成完整的物联网体系。

1. 物联网的技术组成

物联网的核心技术是普适网络（pervasive network）、下一代网络（next generation network）、普适计算（pervasive computing）。第一，普适网络是指普遍存在、无处不在的网络；第二，下一代网络是指可以在任何时间、任何地点互联任何物品，进行信息访问和信息管理的网络；第三，普适计算是指普遍存在的计算方式。除了核心技术外，为了提供综合性的智能信息服务，物联网还需要其他技术的支撑，如射频识别、传感器与传感网、信息物理融合系统、无线通信网络、嵌入式系统、云计算等。这些技术共同构成了物联网的技术体系，为其高效运行和智能化服务提供了支持。

2. 物联网的层次结构

物联网的基本体系包括信息感知层、物联接入层、网络传输层、智能处理层、应用接口层五个层面。各层之间既相互独立又联系密切，同一层次上的不同技术互为补充以适应不同环境（钱志鸿和王义君，2012）。其中，信息感知层通过各种手段实时自动转化数字化信息，是物联网发展和应用的基础；物联接入层通过多跳移动无线网络（Adhoc）等技术将信息感知层采集的信息进行汇总整合；网络传输层则通过 WiFi 等技术将感知到的信息无障碍性、高可靠性、强安全性地进行传输；智能处理层进行物联网基础信息的运营与管理；应用接口层最后完成服务呈现工作。物联网融合边缘计算与机器学习，最终目的是数据的快速响应，预测性计算成为主流。

2.3.3　物联网技术对智能账务处理的支撑

物联网研究机构（IoT Analytics）发布的 2022 年物联网市场总结以及未来预测报告指出，2022 年全球物联网连接数增长了 18%，达到 143 亿连接数，2023 年预计这一增速为 16%，最终达到 160 亿连接数[①]。智能物流、智能制造、车联

---

① 预计 2023 年全球物联网连接数量同比增长 16%，达到 160 亿［EB/OL］. IOT Analytics，2023 – 05 – 24.

网等连接数将呈指数级增长。物流可以看作是制造商的产品生产通过物料采购和实物配送分别向供应商和客户延伸构造的供应链。物联网在现代物流业的应用体现在集光、机、电、信息等技术于一体的信息技术在企业物流系统中的集成化、自动化、智能化与网络化。

1. 物联网升级了企业物流的信息化与管理水平

首先，物联网通过在物流设施和电子设备中嵌入无线射频识别（RFID）电子标签，物联网实现了物流进程的实时掌控，帮助企业作出了最优决策，提高了资源配置效率。其次，物联网技术融入计算机技术、条码技术、全球定位系统（GPS）和地理信息系统（GIS）等现代物流信息技术，进一步提升了运输的智能化管理，如自动感应和信息上传，方便企业实时了解货物的状态和位置。

2. 物联网技术加速了企业物流配送中心的一体化

感知节点自动读取数据并更新库存信息，配送中心根据客户需求进行配货，实现出库、入库一体化的智能管理，提高了运行效率，降低了成本。物联网还融合了供应链与智慧生产，实现了对智慧物流网络开放共享模式的创新。当货物入库时，货物附着的感知节点自动读取数据，与订单进行比对并更新库存信息；货物出库时，货物被送往装有感知节点的传输带，配送中心根据客户需要进行配货；在货物库存过程中，无线射频识别（RFID）阅读器实时监控货物库存量，感知货物数量及货架位置，当货物库存量下降到一定水平时，系统自动向供应商发送订单进行自动补货；仓储货物二维码技术，贯穿产品生产、仓储、运输、销售、使用的全生命周期，通过信息编解码实现了物流、防伪、溯源大管理，打通了生产、物流、销售、财务等各环节。

3. 物联网赋能物联网业务分析平台（BAP）

通过与财务处理平台进行数据对接，BAP 实现了数据管理、数据处理、数据分析、任务引擎、平台管理。其中，数据管理是指提供元数据管理（主要指非结构化数据、半结构化数据、结构化数据）；数据处理是指提供数据 ETL（extraction-loading-transformation）提取、加载、转换、聚合等服务；数据分析是指为系统平台提供数据挖掘、专家系统等服务；任务引擎是指提供任务流程的执行容器、相关任务管理、任务监控等服务；平台管理是指提供系统配置、用户管理、故障管理、报表统计。物联网发展经历了"连接—感知—智能"三个阶段，物流信息系统不断完善，主要功能包括企业内部运输、调度发运、在途监控和风险控制，同时具备为生产企业增值服务的能力。这些创新将进一步提升企业的物流效率和管理水平（见图 2 - 5）。

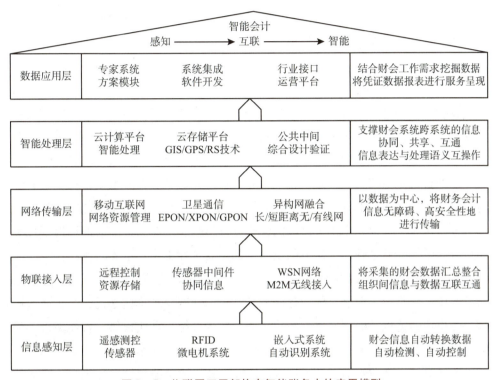

图 2 - 5　物联网五层架构在智能账务中的应用模型

2.4　区块链

区块链（block chain）是一种分布式记账技术，它以去中心化、透明、安全和不可篡改的特性而闻名，其核心思想是将交易记录按照时间顺序不断链接起来，形成一个不可篡改的链条。每个区块包含了一批交易记录和与之相关的验证信息，这些区块通过密码学哈希函数相互链接，确保了数据的完整性和安全性。通过区块链技术，可以实现对数字资产的可信交换和存储，而无须依赖中介机构。

2.4.1　区块链的概念与特征

对区块链概念和特征的理解对智能账务发展具有重要意义，可以帮助智能账务系统建立更安全、透明和高效的财务处理方式，同时推动财务管理的智能化升级，为企业和行业带来更多的创新机遇。

1. 区块链的概念

区块链是一种分布式数据库，它由多个节点组成，这些节点通过一定的机制达成共识，协同维护其账本的状态。每个区块链节点可以获取、更新和共享该数据库中的信息，从而形成了一个具有去中心化、不可篡改和高安全性的系统。

区块链的基本构成单元是"区块"。每个区块由多笔交易组成，经过哈希运算后形成唯一的区块哈希值，存储在区块链上。区块链中相邻区块之间通过该哈希值进行链接，形成一个不可修改的链式数据结构，从而保证交易的可追溯性和不可篡改性。除此之外，区块链的透明性和高安全性也是其重要的特性。

除了加密货币（如比特币和以太坊）之外，区块链还可以应用于其他领域，包括去中心化金融、智能合约、存储和共享、物联网等。具体来说，可将区块链应用于供应链追溯、数据共享、医疗事务、票务系统、在线投票、智能城市等领域。区块链技术的发展将给社会提供更多、更好的解决方案。值得一提的是，目前区块链处于一个非常活跃和不稳定的阶段，技术的性能和扩展性仍有很多挑战需要解决，同时政府政策和监管也可能对其发展带来影响。

2. 区块链的特征

区块链作为一种分布式数据库技术，具有去中心化、不可篡改和公开透明等特征，这些特征使区块链技术成为一种重要的分布式账本系统，被广泛应用在金融、供应链管理、物联网等领域，并持续推动着各种新的应用场景的发展。区块链的具体特征包含以下五个方面。

（1）去中心化。

区块链不依赖于传统的中心化机构或第三方信任机构，可以通过多个节点之间的协作来实现数据的存储和验证，实现去中心化的特性。这种特征使区块链能够应用于众多不同领域的应用场景，包括加密货币、供应链管理、智能合约等。

（2）不可篡改。

区块链通过哈希算法将每个区块与相邻区块之间的关联链结合，保证了区块链上的历史数据不可篡改。因此，区块链可以被认为是一种具有高度安全性的技术，能有效防止数据被篡改。

（3）公开透明。

区块链是公开透明的，所有的数据都被记录在公共的账本中，任何人都可以查看和验证。这种特征使交易变得透明，可以防止欺诈行为发生，提高交易的公正性和公信力。

（4）高效性。

区块链是一种分布式数据库技术，不需要中心化的管理机构，因此可以有效降低交易处理成本。此外，区块链的数据存储和搜索性能均得到了大幅提升，使数据可以更快地被处理和查询。

（5）跨边界交易。

区块链技术能够促进国际跨境交易的顺畅执行。它可以解决由于国家边界、法律法规和经济制裁等原因而导致的支付难题，进一步增强跨境贸易的有效性和效率。

区块链的去中心化、不可篡改、公开透明、高效性和跨边界交易能力等特征，使其成为一项既具有广泛应用前景又具有巨大潜力的技术。未来，随着其在各个领域的崛起和创新性应用，区块链必将具有更加深远的影响。

2.4.2　区块链的关键技术

区块链是一种分布式记账技术，它具有去中心化、不可篡改、可追溯、保密性强等多项特性，被广泛应用于数字资产管理、智能合约、供应链管理等多个领域。区块链的关键技术如下所示。

1. 分布式系统

区块链是由分布式节点组成的系统，所有节点都通过共识机制来达成一致，从而实现去中心化的特性。分布式系统中的节点可以是公有和私有的，根据节点之间通信机制和共识算法的不同，可以实现不同的应用场景。

2. 共识算法

共识算法是区块链系统能够实现去中心化的关键。在区块链中，节点必须先达成共识，即所有节点对账本的存储和处理方式相同。区块链中的共识算法包括工作量证明（PoW）、权益证明（PoS）、拜占庭容错等。目前，PoW 和 PoS 是比较常见的共识算法。

3. 加密算法

加密算法在保证区块链的隐私性、完整性和安全性方面起着至关重要的作用。区块链使用密码学算法来保护数据的安全性和隐私性，用于生成公钥和私钥、对数据进行签名和验证、加密和解密等操作。区块链中使用的加密算法包括散列算法、非对称加密算法和对称加密算法，其中散列算法被广泛使用在区块链的哈希运算上，保证了数据完整性和不可篡改性。

4. 智能合约

智能合约是在区块链中执行的一种程序，它可以实现自动化的交易和协商，可以替代传统法律中的部分功能。智能合约通常使用静态类型语言（solidity）等编程语言编写，由于其不可篡改性和去中心化等特性，能实现更加高效、低成本的交易处理。

5. 跨链技术

跨链技术可以实现不同区块链之间的信息交互和资金转移，这可以帮助解决区块链之间的互操作性问题。近年来，随着去中心化金融（DeFi）的快速发展，跨链技术也变得越发重要。目前，已经有一些跨链解决方案，如原子交换、侧链、中继链等。

总之，区块链技术是一个高度复杂、多领域交叉的系统，除了以上关键技术外，还涉及数据库、网络安全、分布式算法等多个领域。未来，随着技术的不断进步和应用场景的拓展，区块链技术将在更多领域展现出更广泛、更创新的应用价值。

2.4.3　区块链技术对智能账务处理的支撑

区块链技术本质上是点对点直接交易的分布式记账，企业账务处理是区块链的"主战场"。区块链对账务处理的影响主要包括重构了会计业务模式、有效地促进了业财融合、增强了内部控制的效果三个方面。

1. 区块链技术重构了会计业务模式

传统会计业务由于信息不对称、人工录入与核对容易出错，导致效率低下，区块链模式下的交易各方都是独立记账，并不需要第三方中介参与，参与者之间互相监督，保证了会计记录信息的准确性，提高了工作效率；使用区块链技术生成的财务报告具有即时性、个性化、准确性的特点，信息使用者可以在公有链上提取自己需要的信息，判断企业运营情况，生成精准的会计报告，突破了传统财务报表在时间、格式、内容方面固化的缺点，解决了信息来源主要是上市公司财务报表的局限性，提高了报表信息的灵活性与实效性（邱月华，2021）。

2. 区块链技术有效地促进了业财融合

区块链的时间戳技术实现了发票全流程管理，将每条记录写入时间加入区块，使数据不可篡改，然后将数据加密传送到各交易节点，实现了交易各方的信息连接与信息传递，创新了自动制证与自动记账的模式。2018 年，深圳国贸旋转餐厅开出了全国第一张区块链电子发票，降低了纸质发票无限复制的道德风险。经营业务发生后，区块链的所有节点对业务进行记录、确认，随后主体节点进行首次记账，企业、银行、税务等进行自动复核，这些工作都是由"财务机器人"来完成，"财务机器人"使财会信息的记录、传递、审核一体化，促进了业务与财务的融合，简化了以前"原始凭证—记账凭证—会计账簿"的记账过程，从"凭证"环节直接进入"账簿"环节（刘光强等，2022）。

3. 区块链技术增强了内部控制的效果

区块链的分布式记录与密码学算法，构建了去中心化的全网监督网络，节点的平等性使交易各方互相校验与确认，甚至下属对上级的业务行为进行监督，防范会计舞弊与造假，降低了会计监督成本，增强了内部控制效果。另外，区块链技术的编程和协议运行机制实质上是各方的共识机制，其技术要求达到区块链总数的 50% 以上的共识才能更改数据，由于区块数据的改变需要在全部区块的账本上同时备份，这实际上形成了无层级、全方位的监管模式，从源头上减少了会计信息错报舞弊的动机与行为（张佩，2022）。

2.5　本章小结

随着人工智能、自动化以及大数据等技术的成熟，企业的数据量和复杂性也日益增加，这些因素共同推动了智能账务处理技术的发展。智能账务处理技术基础为智能账务带来了许多优势，从提高效率和减少错误到更好地支持管理层决策，都有助于企业的财务管理和发展。通过本章的学习，可以增加对智能账务发展技术背景的了解，为后续章节的学习打下理论基础。

 思 考 题

    1. 智能账务处理的技术基础有哪些？

    2. 简述智能账务处理技术基础之间的区别与联系。

思考题要点及讨论请扫描以下二维码：

第 3 章

智能账务处理应用

本章重点

1. 全面了解账务处理智能化的概念、功能、优势及局限。
2. 了解智能化账务处理的应用环节，熟悉处理流程。
3. 把握数据资产的深层次内涵和重要作用，了解其生成的前提。
4. 掌握数据资产在企业中的具体应用。

案例导入*

　　作为全球领先的信息与通信技术（ICT）科技企业，联想在内部的财务智能化道路中，也采取了颇具创新性的转型方式。结合各部门的业务痛点，联想确定了业务流程优化范围，战略性地规划了自动化的实施范围和管理体系，通过 IT 智能化运维生态系统，采用全球部署、灵活部署、人机互动、用户自助的方式，进行机器人的多元化部署，涵盖的业务部门包括人力资源、财务、供应链、审计、销售、服务等。这不仅充分发挥了机器人 7×24 小时的效率优势，更确保了 IT 和业务资源利用的最大化，例如，在对公报销业务中部署 RPA 机器人，至少节约了约 90% 的业务流程时间；为一些逻辑复杂的财务报表实施自动化后，效率提高了 97%。①

　　可以说，联想的实践是一次人工智能技术深度应用的成功经验，不仅践行了高德纳（Gartner，IT 调研与咨询服务公司）对超自动化的定义——超自动化是企业使用人工智能、机器人流程自动化、集成技术、机器学习、事件驱动软件以及其他类型的决策流程和流程自动化工具集，来帮助实现更广泛的业务流程的自

---

　*　详细案例和进一步讨论，请访问链接网址：http://zhongqishuzhi.com；或扫描章后二维码。
　①　资料来源：UiPath 官网。

动化，同时也为其他企业的 RPA 部署提供了巨大的借鉴价值①②。

　　智能账务处理应用是智能化技术在财务领域的具体应用，包括账务处理流程自动化和数据资产化等方面，对企业的财务管理和决策具有重要意义。通过智能化账务处理和数据资产化，企业可以充分利用自身的采购数据、销售数据、资金数据、仓库数据、合同数据等，进行智能化的采购决策、费用预算和信用政策制定，甚至更好地进行融资等活动。综合而言，智能账务处理应用的探索为企业提供了实现账务自动化、提升处理效率和数据资产化的机会，从而在财务管理和决策方面取得了更好的成果。本章将从理论方面探讨企业通过人工智能技术等实现账务处理流程自动化，进一步实现会计信息数字化，以及如何更好地管理会计信息数字化所形成的数字资产，实现业财税管一体化。

3.1　流程自动化

　　智能会计的账务处理是实际业务操作中最基础的环节，为智能税务处理以及智能财务报表打下了基础，为风险管控合理预算提供了资料。通过引入智能系统和算法，使与企业财务和会计相关的任务实现高度自动化，能够大幅提高账务处理的效率和准确性，以及减少人力资源和时间的浪费。对于企业管理层来说，自动化账务处理流程也意味着更好的决策支持。通过系统自动生成的财务报表和分析报告，管理层可以更快速地了解企业的财务状况和经营情况，便于作出及时的决策和规划。

3.1.1　业务流程优化

　　财务机器人可以模拟人类进行简单重复的操作，处理量大易错的业务，并且以 7×24 小时不间断的工作模式，在不改变原有信息系统架构的基础上实现异构系统的贯通，极大程度上优化业务处理流程（田高良等，2019）。财务机器人在企业的多种场景中都可以适配应用，如帮助企业实现采购付款流程自动化、销售

---

①　资料来源：UiPath 官网。
②　资料来源：LAIYE 官网：流程自动化产品帮助联想集团实现数字化转型。

收款流程自动化、报销流程自动化、银行对账自动化、报表合并自动化、税务处理自动化等（魏佳思，2020），其能作为高强度工作的劳力补充，将财务人员从简单重复的低附加值工作中解放出来，使财务人员能够转型从事更具创造性、更有价值的工作。

1. 采购付款流程自动化

不论在哪个企业，从采购到付款流程都非常关键，而且具备较高的风险。这是由于这一流程涉及许多人工对账和团队之间的沟通工作，企业需要花费大量时间来梳理发票、核对发票与订单的一致性，并处理付款事宜。公司采购部门可以通过财务机器人的应用，自动执行发票与采购订单的核对流程，提高利益相关者的价值、效率和生产力。

自动化的采购至付款流程包括以下环节。

（1）采购申请：采购流程的第一步是由员工、部门或智能账务处理系统提交采购申请。自动化系统可以提供一个在线的采购申请平台，员工可以在上面填写采购需求的细节，并提交给相关审批人。

（2）采购审批：采购申请需要经过一系列的审批流程，这些审批可以通过自动化系统来管理。审批人可以在线查看采购申请，进行批准或拒绝的操作，系统会自动记录审批历史和审批结果。

（3）供应商选择：一旦采购申请得到批准，自动化系统可以根据系统中的供应商数据库选择合适的供应商，并与其建立采购合作关系。

（4）采购订单生成：系统会自动生成采购订单，包括订单号、采购物品、数量、价格等详细信息，并发送给供应商确认。

（5）发票匹配：供应商将货物或服务交付后，会提供相应的发票。自动化系统将从图像中识别发票信息，将识别到的税票信息输入税务局平台中自动进行发票查验，核实无误后将发票信息与采购订单进行匹配，确保订单和发票信息一致，减少人工错误的可能性。

（6）付款处理：经过发票匹配确认后，系统会查询合同，按照合同规定设定付款时间，并根据采购订单和发票信息自动生成付款申请，同时将付款信息发送给相关人员进行批准。

（7）付款执行：一旦付款申请得到批准，系统会自动进行付款操作，如通过电子支付方式将款项转移至供应商账户。

（8）自动记账：在付款完成之后，收到仓储部门发来的入库验收单时，系统自动生成记账凭证，记录该项交易。

企业可以利用财务机器人完成大量重复性的采购与付款任务，自动智能识别提取收到的纸质发票和电子发票的相关信息，并调用其他模块内容，实现订购单、发票、入库单的三单匹配，验证通过后自动执行付款活动并生成电子记账凭证，从而节约时间和精力，提高处理质量，并规避风险、加强管控力度。

2. 销售收款流程自动化

销售收款流程自动化中有两个环节特别值得关注：一是开票流程自动化，在开票过程中，自动化系统需要收集并识别符合开票标准的销售单类型，再根据客户需求选择特定金额的销售单，经过发票管理系统完成开票操作。二是财务机器人自动进行欠款催收，在销售环节中，有的收款发生在开发票之前，有的收款则发生在开发票之后，如果是开发票之后的收款，则要及时关注回款情况，这需要财务人员耗费大量精力进行实时关注，智能化账务处理可以改善这一情况。自销售至收款的自动化流程如下所示。

（1）销售订单生成：销售流程的第一步是根据客户的需求和购买意愿，生成销售订单。销售订单可以由销售团队通过自动化系统进行填写和提交，也可以由客户在线下单，自动化系统自动生成销售订单。

（2）发票生成：一旦销售订单生成，系统会自动识别并提取订单信息生成对应的发票，发票中包含销售物品的详细信息、价格、数量等内容。

（3）发票发送：系统可以自动将发票发送给客户，可以通过电子邮件或在线平台进行发送。

（4）客户付款处理：客户收到发票后，可以通过自动化系统进行付款处理。系统提供多种支付方式，客户可以选择适合自己的付款方式进行付款。

（5）自动记账：财务机器人登录网银系统查询进账情况，在规定时限内查询到进账的完成入账操作。

（6）欠款催收：如果客户未按时付款或有欠款情况，自动化系统可以根据设定的规则进行欠款催收提醒，催款提醒将以邮件等形式发送给相应客户，从而保障收款的及时性。同时，催款提醒也上报给该款项的相应负责人，以便采取进一步措施。

基于 RPA 实现的自销售到收款的自动一体化流程，减少了人工核对工作，大大缩短了开票周期，同时也提高了整体流程的准确度。此外，利用 RPA 技术可以对已开发票金额、收款金额、欠款金额等详细信息输出日报表，在对相关客户进行欠款催收时，也可以及时通知对应的销售人员，让其对尚未收到的款项及时跟踪；也能按需求自动导出各类销售收款、账龄分析等报表，这样销售收款的可视化和可控化在整个闭环中都能及时反馈，避免信息不对称的情况出现。

3. 报销流程自动化

在传统财务管理模式下，财务报销流程的申请、审批、凭证查阅等流程均为手工，且审批流程为层层审批，存在步骤烦琐、报销效率低且出错率较高等问题。同时，由于需要经办的审批人员较多，可能会导致审批过程在某个审批人员处停滞的时间过多，降低审批效率（韦德洪和陈势婷，2022）。

财务机器人技术的提出，恰好为费用报销流程优化提供了较为契合的解决方案。借助 RPA 技术可以在费用报销流程中实现跨平台的提取、人机交互和智能化审核，这不仅缓解了传统费用报销模式中存在大量重复性高、低附加值人工环节的痛点，还可以有效利用如电子发票报销、OCR 扫描识别技术和票据信用评级等新事物的便捷优势，将极大地提高费用报销流程的效率（程平和王文怡，2018）。

具体而言，自动化财务报销流程如下所示。

（1）报销申请：员工通过自动化系统提交报销申请，填写相关的费用细节和报销金额，并添加附件作为凭证。

（2）费用审批：财务机器人自动调取需要审批的报销单，在下载发票附件后通过 OCR 技术从图像中识别发票信息，将识别到的税票信息输入税务局平台中，自动查验发票真实性、完整性和有效性，而后基于人工智能数据分析核对报销凭证，追加审批意见和附件，通过或者驳回报销单，并将审批结果反馈给申请人和报销负责人员。

（3）付款处理：当负责报销人员再次确认后，系统会自动生成付款申请，将报销金额发送给财务部门进行付款处理。一旦付款申请得到批准，系统会自动进行付款操作，将款项转移至员工的账户或向供应商支付相应的费用。

（4）费用分类和归集：自动化系统可以根据报销申请中的费用细节，自动对费用进行分类和归集，方便财务部门进行后续的处理和核算。

（5）付款记录和跟踪：自动化系统会记录所有的付款记录，包括付款日期、金额等信息，并可以随时跟踪付款状态和历史，以便更好地对费用溯源。

通过报销流程的优化，原本报销审核财务最为头痛和花费时间的真假发票查询、各式各样的发票带来的合规问题，通过 RPA 自动化流程可以自动检查待审批的报销单，提取其中的发票图像，完成发票识别、真伪校验，不仅提高了单据的真实性，避免了员工灰色支出的行为，也提高了费用报销效率。全天待命的财务机器人能够自动生成自然语言的审批意见，邮件反馈给申请人和财务人员。当有审核疑问时，由财务人员逐一与员工沟通，通过 RPA 与员工及部门领导反馈问题，员工也可以及时处理，大大缩短了员工报销的周期。

4. 银行对账自动化

随着企业业务规模的不断增加、交易数据量的不断攀升，其银行账户和账单的管理也日益复杂。对企业而言，银企对账可以保证企业资金的安全性，规范企业的会计核算。通过银企对账，企业不仅可以逐项核对发生的业务，核对余额和明细，及时发现和防止贪污、挪用公款以及账户被非法使用等违规违法行为的发生，确保资金安全使用，还可以增强企业会计核算的准确性，加强资金的使用与管理，有效地防止坏账发生，防范商务活动中的不法行为，保障企业财务运作的安全进行，提高资金的营运效益。因此，如何提高银行对账单处理的效率和正确率已成为企业财务人员及管理层关注的重点问题。

银企对账需要按银行、按账户逐个进行，一个单位往往存在多个银行账户，每个账户的对账都要重复各操作步骤，导致下载数据或文件耗时过长、人工对账效率低下并存在一定疏漏风险等问题。财务机器人的应用能够妥善处理这些情况，具体的银企对账流程如下所示。

（1）数据导入：银行会将账户交易信息以数据文件的形式提供给企业，自动化系统能够自动识别文件内的信息，并转换为结构化数据后保存到数据库。

（2）交易匹配：自动化系统会对企业内部的记录和银行提供的交易数据进行匹配，将企业账户中的交易与银行提供的交易记录进行对比，以确保两者之间的一致性。

（3）对账处理：系统会自动检查账户余额、交易金额、交易时间等信息，对账户间的差异进行自动核对和处理。

（4）异常处理：如果发现账户间有差异或不匹配的交易，系统会自动标记异常，并通知相关负责人员进行处理。

（5）对账结果确认：一旦对账过程完成，系统会生成对账结果报告，包括对账成功的交易和异常交易的详细信息，负责人员可以通过系统确认对账结果。

银企对账自动化可以降低重复劳动，释放人力至具有更高附加值的工作中，提升流程的运行效率和质量。提高银企对账效率后，企业的应收、应付等资金循环周期都将变短，客户及员工的满意度得到提高，大幅降低了人工对账风险及对企业造成损失的概率。

5. 合并报表自动化

对于大型企业来说，一份集合各子公司及分支机构的合并财务报表的诞生常常不会那么容易：从最开始的数据催收、查阅汇率、科目余额汇总、合并抵销，到最后的财务报告生成，以及核对校验等。这些繁复的操作对许多财务从业者来说或许都是一个枯燥却又不失其必要性的过程，财务机器人的应用可以使这一工作得到极大改善。

（1）关账检查：在期末，财务机器人自动进行各项关账前的检查工作，如银行对账、销售收入确认、应收账款对账、关联方对账、应付款项对账、存货的确认和暂估等。如发现异常，发送预警报告；如对账无误，则自动进行下一步处理。

（2）对账处理：账表数据自动化核对是机器人流程自动化账表核对流程设计方案的中心工作，具体内容为：核对财务报表中的重点信息及相关总分类账和明细账的发生额与期末余额是否相符，核对会计账簿与业务数据表的数据项是否一致。首先，财务机器人在执行对账任务过程中，可以基于关联分析等智能算法对不同格式的数据进行智能匹配，并对其一致性进行评估和判断，将判断结果反馈至相应模块；其次，财务机器人在执行业务部门异常数据的核对任务时，可以基于邮件自动复核业务部门的相关数据，对更新数据进行导出和传输。

（3）数据提取：在执行完上述两项操作后，系统会自动从多个独立报表中提取需要合并的数据，这些报表可以来自不同的部门、分公司或业务单位。

（4）数据处理：自动化系统会对提取的数据进行清洗和处理，确保数据的准确性和一致性，这可能涉及格式转换、数据规范化、去除重复数据等操作。

（5）数据合并：系统会根据设定的合并规则和逻辑，将多个报表的数据进行合并，汇总到一个统一的报表中。在此过程中要注意两点：一是根据抵销规则生成的合并抵销分录是否合理；二是要根据规则完成汇率数据和当月境内外合并数据的处理和计算。

（6）数据校验：自动化系统会自动对合并后的数据进行校验，以确保合并过程中没有出现错误或遗漏。

（7）报表生成：一旦数据合并完成并通过校验，系统会自动生成合并后的报表，包括财务报表、统计指标、图表和图形等。

合并报表流程上财务机器人的应用，使报表数据能够自动汇总和合并抵销，实现了财务报表的全自动生成，极大地缩短了财务报告的生成周期。此外，财务机器人还可以及时发现并响应异常情况，降低人力成本，使员工可以把工作重心转移到具有更高附加值的工作上。

6. 税务处理自动化

税务处理涉及大量烦琐的数据计算和申报工作，且税法和税务政策经常变化，传统手工处理容易出现错误和延误。自动化系统可以快速准确地处理大量数据，避免了手工错误，提高了处理效率和准确性，同时其可以提供实时的数据分析和报告功能，帮助企业更好地了解税务状况、税负情况等信息，以支持决策和税务筹划。

（1）数据收集：自动化系统会收集企业各个部门的财务数据和交易数据，从各个模块提取报税的相关信息，以便进行后续的税务处理。

（2）税金计算：利用 OCR 识别技术进行发票等票据的识别，2020 年起国家已全面推行增值税电子专用发票，可以用 RPA 自动提取电子发票的信息，自动生成记账凭证，然后根据提取到的财务数据和预制的报税规则自动对企业的税金进行计算，包括所得税、增值税、营业税等。

（3）税务申报：自动化系统可以根据计算得出的税金数额，自动生成相应的税务申报表，如企业所得税申报表、增值税申报表等。

（4）税务合规性检查：系统会对生成的税务申报表进行自动检查，以确保申报表的合规性和准确性。

（5）税务缴纳：一旦税务申报表通过自动检查，系统会生成相应的缴税通知，并提醒企业按时缴纳税金。

3.1.2　账务处理智能化

财务机器人在 RPA 技术、机器学习技术的基础上，针对财务的业务内容和流程特点，以自动化替代财务手工操作，辅助财务人员完成交易量大、重复性高、易于标准化的基础业务（田高良等，2019），从而优化账务处理流程，提高业务处理的效率和质量，减少财务合规风险，使更多资源分配在增值业务上，促进财务转型。

1. 智能化账务处理的概念

RPA 通过对人类操作和判断的模拟，能够实现数据的收集和整理、验证和分析、数据记录、协调和管理、计算和决策、沟通、报告等一系列功能；机器学习算法可以通过对企业财务中心大数据的不断学习与不断训练实现对业务信息进行高效率的准确识别，并能够实现自动记账、预测、辅助决策、异常检测等功能。综合应用 RPA 和机器学习技术，再结合一系列认知技术，如 OCR 技术等，财务部门可以实现高度自动化的账务处理。

智能化账务处理这一概念的兴起主要有三个原因：一是随着数字化转型的推进和智能化技术的不断发展，财务机器人在提高财务效率、优化财务流程、提供准确的财务数据方面发挥着越来越重要的作用，有助于企业在竞争激烈的市场中取得竞争优势。二是 RPA 技术是一种基于规则的自动化技术，适用于处理大量重复性的任务。在财务领域，有很多例行性的数据处理和报表生成工作，这些工作非常适合财务机器人来完成。另外，RPA 技术可以模拟人类的操作，与现有的财务系统和业务流程无缝集成，而无须对系统进行大规模的改动。三是财务机器人可以实现跨多个业务单元和地区的财务数据处理和共享，提高资源利用效率和财务管理水平，可以满足企业建立或扩大财务共享服务中心的需求。由此可见，在数字化变革的时代背景下，企业需要从庞大、混杂的数据中高效筛选有效数据并利用数据去创造价值，财务机器人是企业顺应数字化变革、更好地发挥财务大数据中心作用的有效工具和手段。

2. 智能化账务处理的功能

基于 RPA 技术和深度学习技术的应用特点和功能，财务机器人可以在整个财务数据流中发挥其功能，即从业务前台到账务处理平台再到财务后台，实现数据检索收集、数据输入、自动传输数据、数据再加工、深度学习判断。在业务前台主要是实现数据检索收集、数据输入，通过自动传输数据的功能实现财务数据在各个层级平台中间的传输，在会计处理平台和财务后台进行数据再加工和深度学习判断。财务机器人在智能化账务处理过程中所能实现的功能如图 3-1 所示。

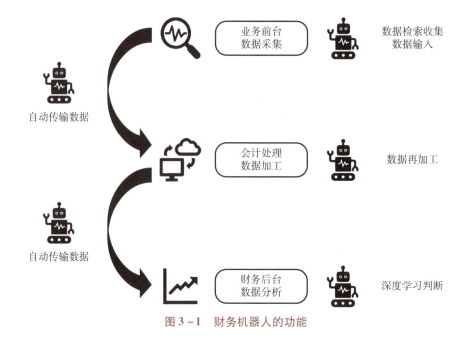

图 3 - 1　财务机器人的功能

（1）数据检索收集。

数据查询与记录是智能化账务处理所能实现的最基础功能之一，也是 RPA 技术在财务领域的典型应用。通过记录财务人员的手工操作并设置计算机规则进行模拟，财务机器人可以完成财务数据的自动检索、整理和归档动作，从而大大提高数据处理的效率和准确性，如图 3 - 2 所示。

图 3 - 2　数据检索收集功能

财务机器人可以模拟财务人员的数据检索行为，通过指定关键词、条件和查询方式，自动从内外部数据库或系统中获取所需的财务数据。而后按照预定的规则和流程，对获取的数据进行整理和清洗，以确保数据的准确性和一致性。最后将整理好的数据按照一定的分类和存储方式进行归档，以确保数据的安全和便于查找。

在整个数据检索收集的过程中，财务机器人可以自动记录财务数据的来源、处理过程和结果，形成相应的记录和日志。如果在检索过程中遇到异常情况，财务机器人可以根据预设规则自动进行处理，或者触发警报，通知相关人员处理。

（2）数据输入。

智能化账务处理可以依托 OCR 技术对图像进行识别，提取图像中有用的字段信息并输出为能够进行结构化处理的数据，从而进一步对数据进行审查与分析，并输出为对管理、决策有用的信息。OCR 技术目前主要应用于对发票信息的识别，财务人员可以从发票信息识别和输入的机械操作中解放出来，转变成财务机器人的管理者。

具体而言，首先，利用 OCR 技术对扫描得到的图像进行预处理，包括将图像转换为灰度图像、降噪处理以去除干扰、二值化处理以便于字符分割、字符切分和归一化处理使字符在尺寸上保持一致。其次，在预处理后，财务机器人将对图像进行特征提取和降维，将字符的关键特征提取出来，从而减少识别的计算量，提高识别效率。OCR 技术设计和训练的文字分类器，能够自动识别不同字符和文字，由其扫描图像进行文字识别，将图像中的文字转换为可识别的字符。由于识别出的文字可能存在一定的误差，因此财务机器人需要进行结果优化校正和格式化，以确保识别结果的准确性和一致性。最后，将提取的图片关键字段信息输出为能够结构化处理的数据，如文字内容、日期、金额等。

基于 OCR 技术对图像信息的识别，财务机器人根据预设的规则，模拟人类的判断进行任务处理操作，对识别完成的文字按照预先设置的判断要点、关键信息进行审查和分析，完成从图片到信息的转换与初加工。

（3）自动传输数据。

数据传输包括数据的上传与下载，其核心在于后台对数据流的接收与输出，智能化账务处理能够实现按照预先设计的路径，登录内部、外部系统平台，进行数据的上传与下载操作，完成数据流的自动接收与输出。

对于数据上传而言，不同系统间往往需要进行数据及文件的传递，当系统间的数据接口尚未打通，彼此间数据融通存在障碍时，就需要通过平台上传的方式进行数据同步、文件更新。通过模拟人类手工操作，财务机器人可以自动登录多个异构系统，并上传指定的数据和文件至特定系统或系统模块。例如，财务机器人可以在月末自动从预先准备好的数据文件中读取每月的销售数据，包括销售额、客户信息、产品信息等，并按照格式要求将数据上传至企业财务系统。

对于数据下载而言，基于系统间数据同步、文件本地化存储等需求，财务机器人可自动登录多个异构系统，下载指定数据、文件，并按照预设路径规则进行存储，进一步根据规则进行平台上传或其他处理。例如，财务机器人每日自动登录网银系统，根据预设规则获取指定日期范围内的交易明细数据，并将数据以文件形式下载并保存，以便进行日常对账和财务报表的生成。

（4）数据再加工。

基于检索、下载的数据信息，智能化账务处理可实现对数据进行进一步的检查、筛选、计算、整理以及基于明确规则的校验和分析。

智能化账务处理可以对下载的数据进行自动检查和校验，确保数据的完整性和准确性，例如，检查数值范围、格式是否正确，避免错误的数据录入，识别异常数据并作出预警，这是数据进一步加工的起点。接下来，财务机器人根据预设的条件和规则，对数据进行筛选和过滤，只保留满足条件的数据，从而简化数据处理和分析的过程。例如，财务机器人在涵盖多指标的报表中筛选核心指标以及需要进一步计算处理的基础指标，基于筛选的数据进行数据计算、整理等后续处理。对于获得的原始结构化数据，财务机器人可以自动进行数据计算和汇总，如计算总金额、平均值、合计等，以及按照不同维度对数据进行汇总。在这之后，系统将下载的数据进行整理和格式化，使其符合特定的报表和分析需求，提高数据的可读性和理解性。同时根据预设的规则进行数据校验和分析，如比对数据的变化趋势、发现异常数据等。例如，调用财务机器人对核心的财务子系统账户余额进行对账，对未成功对账的案例进行简单的调查，并对账户差异进行分析、生成对账失败报告，进一步创建日记账分录以处理差异。

（5）深度学习判断。

智能化账务处理还具备深度学习的功能，可以模拟人脑的学习和决策过程，推进财务运行工作的一系列功能，包括自动记账、工作流分配、出具报告、基于规则的决策、自动传达通知等。

①自动记账。

财务机器人基于企业财务中心大量数据的不断训练，通过深度学习模型学习和理解财务交易的模式和规律，从而快速高效地识别相关信息，自动进行记账。

②工作流分配。

智能化账务处理系统可以根据工作量和优先级，智能地将任务分配给财务团队的成员，提高工作效率和资源利用率，还可以按照预设的工作流程进行交接处理，实现工作流程和批复的自动推进。

③出具报告。

财务机器人将从内部、外部获取的信息，按照标准的报告模板和数据、文字要求，模拟人类操作整合、输出自然语言的报告。例如，财务机器人出具预测数据与实际数据的对比报告，基于收集和整理的数据自动生成监管报告，按照模板创建标准日记账分录、报告，预填制复杂报告中标准规范的部分。

④基于规则的决策。

深度学习模型可以学习并理解财务规则和政策，从而自动进行决策，如判断审核费用报销申请是否符合公司政策。

⑤自动传达通知。

在账务处理流程中，对于需要向其他节点财务人员、员工、供应商、客户等推送信息进行通知、跟催的事项，智能化账务处理系统可以根据财务数据和规则，自动向相关人员发送通知和提醒，如超支预警或审批结果通知。

3. 智能账务处理的优势及局限性

智能化账务处理拥有众多优势，同时也存在一部分局限性，如图 3 - 3 所示。但是总体来说瑕不掩瑜，其优势远多于局限性，而且其局限性可以通过一些方法措施尽量避免或尽可能优化改进。

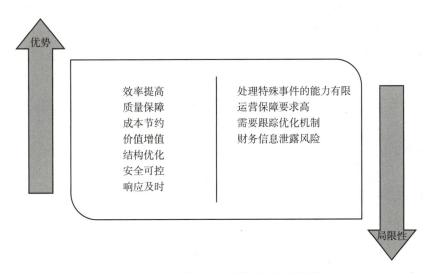

图 3 - 3　智能化账务处理的优势及局限性

（1）智能化账务处理的优势。

智能化账务处理是科技发展的必然结果，通过自动化电脑操作来代替处理耗费时间长且操作规范化的人工任务，相对于传统会计人员，其优势显而易见（李宜静，2021），主要包括效率提高、质量保障、成本节约、价值增值、数据可得、安全可控、响应及时等。

①效率提高。

传统人工操作模式是在有限的工作时间里进行，而且手工操作的速度较低，受复杂的人为因素影响。财务机器人具有计算机处理的一般优势，例如，其可以在 7×24 小时全天候工作，意味着账务处理可以在非工作时间持续进行；在处理数据时具有高容忍度的特点，且根据预设的固定规则进行操作，不会因为疲劳、情绪或其他人为因素而影响工作质量；强大的峰值处理能力使其可以在处理大量数据的情况下仍保持高效和准确，自主学习能力使其可以持续优化和调整自身的执行过程，提高工作效率和准确性。除此之外，在信息系统升级的过程中，人工操作需要花费时间消除旧习惯去适应新的系统，但财务机器人只需修改程序即可适应新系统，无须消耗大量时间和资源来适应新的工作环境。总之，财务机器人能够高速进行数据处理和任务执行，因此完成流程的速度明显快于人工操作，一个财务机器人通常可以取代多名人员的工作量。

②质量保障。

首先，在传统的财务模式下，人工操作容易导致较高的出错率，而财务机器人操作的正确率接近 100%，极大地保障了财务工作质量。其次，财务机器人的运作是基于规则化的流程和任务，这在一定程度上消除了输出不一致性，明确的规则也使操作无差别化，避免了人为主观因素。最后，自动化处理的每一步操作都具有可追溯性，即使出现问题，也可以精确地追溯到具体步骤，快速发现和解决潜在的错误。除此之外，财务机器人在执行相同任务时的一致性非常高，确保了数据在不同时间点和不同情境下的一致性。财务机器人的高正确率和高效率帮助企业提升了财务工作的质量，同时加快了财务处理流程，提高了整体工作效率。

③成本节约。

在传统的财务模式下，企业通常需要雇用多名会计人员来完成烦琐的数据录入、分类、记账等工作，人员占用需要付出薪酬、福利、津贴等成本，而财务机器人上线后，企业将大幅度减少此类人力成本的投入。根据机器人流程自动化相关数据，RPA 可以节约成本 25%～50%，创建和维护机器人的平均成本仅为承担相同工作的全职员工的 1/3[①]。另外，人工财务处理通常需要对会计人员进行

---

① 田高良，陈虎，郭奕等. 基于 RPA 技术的财务机器人应用研究［J］. 财会月刊，2019（18）：10－14.

培训，使其熟悉财务规则、流程和系统，而财务机器人只需要经过一次性的程序设置和调试，减少了培训成本。

④价值增值。

在传统的财务模式下，财务部门会投入一半以上的精力在基础交易处理中，但是基础交易处理工作却不能为企业带来更多的价值创造，而且重复、枯燥的基础交易处理工作不利于财务人员个人能力的发挥。财务机器人的应用能够改变传统财务部门的人员结构，释放大量的基础交易处理人员转型去做高附加值的财务工作，使财务人员的积极性能得到有效调动，实现财务对业务的有力支撑以及财务部门的价值增值。

⑤结构优化。

自动化处理财务流程使基层财务工作主要交给财务机器人操作，优化了基层财务结构。在此基础上，大量重复性的工作被财务机器人所做，意味着多数的财务人员只能转型，从事深度思考类的工作，进而提升财务工作的质量，提出更有见地的财务意见。值得注意的是，财务人员与机器协同是管理的重点，不仅要管理财务人员，还要管理财务机器，确保人与机器发挥出最大化效益，形成战略、共享、业务以及管理完备的组织结构（蔡姗玲，2022）。

⑥安全可控。

财务机器人按照固定的规则执行脚本，不侵入原有的信息系统，财务机器人的一切操作都能够通过控制器进行追踪，工作路径能够随时调阅，业务故障能够及时发现，财务机器人的运行始终处于安全可控的状态，能够保障信息系统和企业数据的安全。此外，财务机器人自动执行业务流程，减少了人工干预的因素，在一定程度上降低了人为操纵的风险。

⑦响应及时。

由于财务机器人的高度可扩展性和灵活性，使其能够快速适应不同业务变化的需求，从而保证业务响应更加及时。虽然财务机器人是根据固定的脚本执行规则，但是工作量和工作时间可以无限延长、随需而变，无论是繁忙时段还是非工作时间，都能及时响应业务需求。当业务数量级发生变化时，只需要进行简单的机器人配置操作即可增加或者减少财务机器人的部署数量，以适应不同业务规模的变化。此外，财务机器人的工作收缩能力强，可以随时加速、减速以匹配业务量峰值和谷值的需求，根据业务变化的速度灵活调整工作节奏，以保持高效运行。

（2）智能化账务处理的局限性。

虽然应用财务机器人为企业和财务人员带来了诸多便利，但在实际应用中还需要面对一些局限性和挑战。为了克服这些问题，需要综合考虑技术、数据质量、安全性等多方面因素，并不断推动智能技术的进步和完善。

①处理特殊事件的能力有限。

一方面，由于财务机器人是基于固定规则进行操作的，即使有机器学习的能力加持，但是当业务场景发生较大变化时，财务机器人就很难判断与规则不符的情况，无法处理异常事件。在此情景下，就需要配备专门的人员监督财务机器人的运行过程，避免出现财务机器人无法处理的异常事件，一旦出现异常事件，就要人工操作进行干预，这在一定程度上限制了财务机器人的应用。另一方面，虽然财务机器人可以处理大部分标准化的财务任务，但对于复杂的业务处理，如复杂的跨国交易、多样化的税务政策等，目前的智能系统可能还存在一定的局限性，需要人工协助共同完成。

②运营保障要求高。

实现账务处理智能化有两项前提条件：一是运行系统稳定；二是数据来源可靠。虽然财务机器人不改变企业原有的信息系统，但是其有效运营对系统平台的稳定性有一定要求。当企业软件升级或切换系统平台时，财务机器人可能无法正常运作或迅速恢复运作，需要投入一定的时间成本和开发成本，进行财务机器人的重新部署和优化，而财务机器人日常的运营维护，也需要企业财务人员对计算机知识有一定的了解。此外，智能账务处理系统的准确性和可靠性严重依赖于输入数据的质量，如果数据出现错误或不完整，智能系统可能会产生错误的结果。

③需要跟踪优化机制。

流程固定、规则明确的流程特点，为财务机器人的应用提供了可能性。但企业的流程不是一成不变的，当进行业务流程优化时，就要对财务机器人进行重新部署和设计。为了保障财务机器人正常、有序地运行，快速、高质量地响应业务需求变化，企业需要针对财务机器人设计完整、详细的跟踪优化机制。

④财务信息泄露风险。

账务自动化处理的过程中产生了大量数据、记录和信息，储存于操作系统中，尽管电子数据型信息更易于保存和传递，但也在一定程度上对财务信息的安全性提出了考验，易导致财务信息的泄露。电子信息网络的安全问题，也威胁到财务信息的安全，可能造成商业机密泄露，对企业危害巨大。目前，人工智能会计领域的法律法规尚不完善，财务信息的泄露易造成会计行业混乱，对日常的会计处理工作会产生不利影响（陈婷蔚，2018）。

3.2　数据资产化

在数字化时代，类似于传统资产如设备、房产和知识产权等，数据已经成为企业和组织的核心资源之一。2023 年 6 月举办的大数据产业发展大会上，数据资产化作为"2023 大数据十大关键词"之一得到广泛关注。通过捕获企业在运营过程中产生的大量内外部数据，经由智能账务处理系统处理与分析，实现数据资产的充分高效利用，这一对数据价值的认知和实践过程被称为数据资产化，涉及将数据整理、清洗、加工、分析和利用，从而创造价值并提供商业优势，这些价值可以是直接的经济价值，如增加利润或节约成本，也可以是间接的价值，如提高客户满意度、支持战略决策或优化业务流程。

3.2.1　数据资产化的前提

数据资产化是将数据视作一种可交易的资产，通过科技手段进行管理、保护、加工和分析，最终使数据在商业上发挥最大的价值。数据资产化将数据视为企业或个人的重要财产，就像房屋、股票、知识产权等一样，具有可以在市场上流通、分享和转让的资产属性。数据资产化的目标是通过提高数据的可用性和价值，使数据资源成为企业和个人的核心竞争力。

实现数据资产化需要多个领域的技术支持，包括数据管理系统、大数据技术、人工智能技术、机器学习、数据挖掘和隐私保护技术等。数据管理系统是数据资产化的核心技术工具，它可以提供完整的数据管理平台，包括数据的采集、存储、处理、转换、清洗、集成、发布等功能，从而实现对数据的全生命周期的管理。

数据挖掘技术是基于现代数学和计算机科学的一门数据分析技术。它通过建立模型、发现规律、预测结果等方法，帮助用户从数据中深度挖掘出有价值的信息和知识。数据挖掘领域的主要算法包括分类、聚类、关联规则、时间序列分析等；机器学习则是一种实现人工智能的技术。它通过模拟人类思维方式，利用数据训练机器模型，从而实现对未知数据的预测和分类。数据资产化可以通过机器学习技术来提高数据的增值能力，包括用户画像、推荐系统、预测分析、风险评估等。除此之外，隐私保护技术也是必不可少的存在，数据资产化需要保护用户的隐私数据，必须通过加密算法、数据脱敏和匿名化技术等手段，提高数据的安全性和隐私性。

　　数据资产化还对数据本身的质量以及与之相关的规范等方面提出了要求。第一，可信的数据来源。数据资产化的前提是要确保数据具有可信度、可靠性和完整性。数据应该来源于可信、可靠的数据提供方或真实、权威的数据采集方式。尤其对于涉及隐私和个人信息的数据，应该严格保护和管理。第二，有价值的数据内容。数据资产化需要的不仅是大规模的数据，有价值的数据才是其重要标准。数据在价值方面可追溯、可量化、可适应，要针对不同的业务或场景设置不同的数据标准和价值评估机制。同时数据的价值也需要时刻关注市场需求的变化，及时调整数据的使用方向。第三，规范的数据管理。规范的数据管理是数据资产化的关键。其中包括数据生命周期管理、数据文档化管理、数据访问控制管理、数据安全管理、数据质量管理等诸多方面。这方面需要同时满足业务需求和安全需求的双重保障。第四，安全的数据保护。对敏感数据的安全保护和管理也是数据资产化的重要前提。这方面包括数据加密、访问控制、身份验证、审计日志记录、半自动授权等多方面内容。研究适当的数据去标识化和加密模型也有助于促进数据的交易和流转。第五，适应算法和技术支持。数据的特征是多样性、差异性和复杂性，如何挖掘和分析这些数据，进而实现数据增值是数据资产化的核心价值。因此，数据资产化需要业务需求和算法技术的协同支持。深度学习算法、分布式存储计算、云计算、大数据弹性分析等技术都是数据资产化所必须关注和执行的内容。

　　综上所述，为了实现数据资产化，企业或个人需要建立起一种基于循证数据管理方式的数据管理体系。需要注重数据来源和数据价值，以及针对数据时间和空间分布的优化和整合，来实现数据的增值和推广，最终实现数据的转化和交易。只有建立有关的数据管理体系才能够建立一个稳定的数据资产交易生态系统，最终形成全面的数据资产化的流程和全面的资产化市场，从而进一步推动数据资产化市场的成熟和发展。

3.2.2　数据资产化的内涵与意义

　　数据资产化是指将企业内部数据转化为可交易的、有价值的资产的过程。这个过程包括将数据整理、清洗、分析和标准化，并将其组合成有用的信息，以便在市场上购买、出售或交易。数据资产化的过程使企业能够更好地理解并利用其数据资源，从而最大化其商业价值。

1. 数据资产化的内涵

数据资产化的内涵有以下几个方面：（1）数据整理和清洗。数据资产化的第一步是将企业内部的大量数据进行整理和清洗，以便将其转化为可用的信息。这个过程包括识别、收集、排除重复数据、清除错误的数据或删除无效/冗余数据。（2）数据分析和处理。在整理和清洗数据后，需要对数据进行分析和处理，以提取出其中的价值和见解。这包括使用统计学、机器学习和其他分析方法来验证数据有效性、发现数据的潜在模式或特征，并从中提取出可行的见解。（3）标准化和格式化数据。标准化和格式化数据是数据资产化的关键步骤。它有助于确保数据的正确性、一致性和可重用性。这个过程包括将数据转换为统一的格式和标准，使其可以更容易地与其他数据集进行比较和交换。（4）数据的可视化。为了更好地理解数据并向潜在用户展示数据的价值，数据资产化的过程需要利用可视化工具来提供数据洞察。这可以被用于数据分析、制作仪表板和其他形式的数据呈现，在可视化方面涉及的技术包括统计图表、数据可视化和交互式可视化。

总之，数据资产化的内涵是将企业内部数据转换为可交易的、有价值的资产的过程，包括数据整理和清洗、数据分析和处理、标准化和格式化数据以及数据的可视化等步骤。

2. 数据资产化的意义

数据资产化对企业的意义非常重要，它可以帮助企业最大化地利用数据资源、提高商业竞争力、优化决策过程，实现从信息到智能化的转变。以下是数据资产化在企业中的重要意义：（1）帮助企业更好地了解市场和客户需求。通过数据资产化的过程，企业可以收集、处理和分析大量的数据，并将其转化为有用的信息。这些信息可以帮助企业更好地了解市场趋势和客户需求，为企业提供有力的决策支持。企业也可以利用这些信息来调整战略、产品和服务，以更好地满足客户需求。（2）优化决策过程。企业管理者和决策者可以利用数据资产化提供的信息来制定更好的决策，以进一步减少决策风险。数据资产化可以提供更准确的预测、洞察和见解，帮助企业发现新的机会，并更好地应对挑战。（3）提高信息的实时性和准确性。企业可以将数据实时资产化，并将这些数据用于各种业务活动，能够更好地调整和优化企业运营，获得更好的业务效果。实现数据资产化可以使企业更快地得到数据信息，还可以使数据更加准确，从而在决策和业务中减少错误率。（4）大幅提高企业价值。从长期来看，数据资产化可以帮助企业实现更高的市场价值，因为人们越来越认识到数据资产对企业的重要性。利用数据资产化来开发新的产品和服务、增加销售额等，都可以大幅提高企业的市场价值。（5）促进企业创新。数据资产化可以为企业提供足够的数据支持，促进企业进行更多的创新和发展。通过数据资产化可以增加发现市场新产品的可能性，发现客户需求的差异点，促进企业创出全新的业务模式等，从而创造出更多的机会。

大数据蕴藏着丰富的信息和价值，如何运用好大数据，发挥数据资产的价值，这是大数据时期的商业挑战。已经有非常多学者在讨论将数据确认为真实记录在账面上的资产。而这里所讨论的数据资产，是企业内部产生的数据，如企业采购产生的采购数据、形成的供应者画像，或者企业销售过程中产生的销售数据、形成的销售者画像等。财务中心贯穿企业所有业务活动，财务中心几乎囊括了企业各种活动的全部相关信息数据。而这些全部的信息总和呈现出了一个企业的基础画像，针对这些反映出来的信息，我们可以对企业本身有一个更客观的认识，从而帮助企业更好地实现业财税管一体化以及更好地发展。

3.2.3　数据资产的应用

企业在生产经营过程中产生的交易记录、销售数据、生产数据、员工数据等，以及识别的现有或潜在客户信息、市场趋势等都能被企业二次利用，通过智能财务、账务及决策系统，对数据分析、挖掘和应用，将其转化为实际价值，用于支持组织的业务决策、优化业务流程、改进客户体验、进行市场分析等，从而提高组织的竞争力和运营效率。随着技术的不断进步，数据资产的应用也变得更加多样化和智能化，本节将详细介绍数据资产在产销关系、供应链、企业管理、商业决策中的重要应用。

1. 智慧购产销

在采购环节，企业可以基于数据资产，应用新型信息技术，实施"采购需求预测—采购计划—采购执行"的全流程管理，进而打造智能化寻源，推进自动化采购和前瞻性供应商管理。通过分析生产、销售和仓库等部门的数据资产，企业可以了解生产车间的生产计划和物料需求情况，及时制订采购计划、发出补货申请。通过收集市场数据和供应商交易数据，企业能够了解物料的市场价格和供应商的交易条件，以便于更好地与供应商进行谈判，帮助企业争取更有利的采购价格和条件。利用供应商画像和交易数据，企业能够对供应商进行评估和排名，评估内容涵盖发货地距离、交货准时率、质量稳定性、价格竞争力、信用状况等，从而根据采购计划更好地选择合适的供应商。此外，数据资产还可以帮助企业跟踪和分析采购成本，包括物料成本、运输成本等，从而识别出成本高的采购项目，并采取措施进行成本控制。

在生产环节，数据资产的应用可以帮助企业实现智能化制造、提高生产效率和产品质量、降低生产成本，同时还可以实现生产过程的数据化、数字化和智能化管理，为企业在市场竞争中保持优势提供有力支持。企业可以通过将生产运营、上下游企业等数据和信息技术内嵌到生产过程之中，对产品的运维、工艺监控和质量监测等相关业务流程进行整合和优化，以数据资产的预测结果驱动业务流程，自动控制产品的生产、动态监测产品的生产过程、数字化监测产品的质量，进而及时调整生产策略，推动产品生产管理和服务的协同化发展（刘妍和耿云江，2022）。另外，利用生产车间的设备数据，企业可以进行设备监控，预测设备故障并适时进行维护，避免生产中断和损失。

在销售环节，基于历史记录和实时捕获的信息，企业能够更加精准地了解市场和客户、优化销售策略、提高销售业绩和客户满意度，通过数据分析和智能化的销售决策支持，企业可以实现销售的智能化和高效化，从而在市场竞争中取得竞争优势。首先，通过市场数据和客户数据，企业可以进行市场调研和客户分析，了解市场趋势、竞争对手情况以及客户偏好，为销售策略和产品定位提供依据，在此基础上利用历史销售数据进行销售预测，制订合理的销售计划。其次，客户数据资产可以用于建立客户关系管理系统，通过剖析客户的购买行为和消费习惯，帮助企业更好地维系客户关系，从而提供个性化的销售和推荐服务。再次，销售数据可以用于销售绩效的监控和分析，包括销售额、销售增长率、客户满意度等指标，帮助企业评估销售团队的表现和业绩，从而开展员工激励计划；也可以用于评估市场营销活动的效果，了解不同营销渠道的贡献和回报，进而制定及时有效的分销战略，合理安排企业的供产销活动，以精准对接进销存情况，优化各销售渠道的分配。最后，综合所有的产销数据进行分析，企业可以洞悉销售趋势、发掘潜在机会，为接下来的产销决策提供依据。

2. 智慧供应链

供应链是一系列与产品或服务的生产、流通和交付相关的活动，涉及从原材料采购到最终消费者的整个过程，它将多个环节和参与者紧密衔接起来，除上文所述的采购、生产和销售三大基本环节外，还包括物流与配送、库存管理和客户服务等诸多辅助增值活动。通过对企业生产经营过程中生成的数据信息进行二次利用，使其再次发挥价值，有助于帮助企业实现供应链的智能化、高效化和优化。

通过仓储数据，企业可以优化仓储和配送计划，根据区域需求、客户地址安排合适的仓库发货，以减少仓储和配送成本、提高货物周转率。运输过程中的各种指标，如运输时效、运输费用、货损率等，也可以帮助企业识别并解决运输过程中的瓶颈，提升运输效率，寻找成本节约的机会。

数据资产的充分利用可以极大地帮助企业优化库存管理、提高库存周转率、减少资金占用、降低库存成本，同时确保足够的库存供应以满足客户需求。通过库存数据的分析，企业可以了解当前的库存水平、库存周转率和库存成本等关键指标，库存情况的准确掌握有助于及时调整库存策略。通过分析供应链数据和供应商交货准时率等指标，一方面，可以确定安全库存水平，以防止供应链中的延迟和波动；另一方面，也可以预测潜在的缺货和过剩风险，以便及时采取措施避免或减少库存风险。此外，通过库存数据的共享，供应链的各个环节可以实现更好的协调，以确保库存供应的准确性和及时性。

随着互联网和大数据的发展，消费者的需求能够迅速被企业捕捉，行为数据形成的数据资产甚至会被交易，这些信息第一时间会传递到企业，企业逐渐从产品导向发展至需求导向（王晟，2018），如何利用这类数据资产实现更好的客户服务和售后支持，就成为新一轮商业竞争的重中之重。本书认为，企业迫切需要重构"新计算"能力，通过对用户、产品、市场大数据进行分析，推进商业数据的进一步资产化。通过分类分析客户反馈的信息、监测用户对已售产品的使用情况等手段，推进企业服务体系和服务流程优化，促进企业服务管理模式创新，从而更好地满足消费者的个性化需求。

3. 智慧管理

推进管理数据资产化，开展跨业务部门、跨管理层级、跨产业链环节的集成运作，对传统制造模式和组织模式进行变革，是当今时代企业提升管理效率的重要途径（朱国军和孙军，2021）。

在人力资源管理方面，通过数据资产的应用，企业可以实现人力资源管理的智能化和优化，从而更好地吸引、培养和留住人才，提高员工绩效和满意度，推动企业的持续发展和成功。通过财务及账务系统中的员工数据、业务数据和组织结构数据等，一方面，企业可以进行组织效能分析，持续优化组织结构和人员配置；另一方面，企业还可以进行人才预测和规划，确保企业拥有足够的人才储备，以适应未来的业务需求。系统中丰富的人力资源数据，如员工绩效、薪酬水平、离职率等信息，还可以作为人力资源决策的依据，帮助企业更客观、科学地作出人才管理和激励方案。可见，数据驱动的人力资源管理不仅可以帮助企业更好地应对市场变化和业务需求，还能提高决策的准确性和灵活性，使企业在竞争激烈的市场中保持优势。

在费用管理方面，通过费用数据的进一步分析与比较，有助于企业找到下一步压降费用的着力点。企业可以借助智能账务系统中留下的费用记录、消费记录等，对员工个人费用画像进行分析，汇总每个员工的费用产生总额，以及各个类型费用的发生情况，并横向在各个员工之间进行比较，由此针对每个员工的费用发生情况进行评价，以便于日后指导对每个员工的费用进行审核报销时的审核层级和审核要求。对于费用发生明显较少的员工审核等级可以更低一些，对于费用发生明显较多的员工则需要重点关注。同时，对于总体费用产生情况进行分析控制，不仅与企业自身以前年度进行比较分析，还可以与同行业同规模的企业进行比较，从而更好地作出费用总预算与各类明细预算，并针对费用超支的部分采取一定措施来压制成本控制费用。

在风险管理方面，对数据的进一步分析利用可以识别与预测、评估与量化、规划与应对可能的风险。基于数据资产全景视图，企业可以全面评估数据资产的各类属性，对业务数据进行准确理解，通过数据资产的核查、溯源、认责、业务监管等活动，协调相关部门及时发现数据异动和问题，量化潜在的风险因素，预测未来可能出现的风险情况，进而提升关键指标的预警敏感性，实现全面、准确监测与实时预警，建立消除异动、解决问题、防范风险的常态机制，实现闭环管理（王玉等，2022）。

4. 智慧决策

数据资产化管理通过资产化过程，使数据资源可度量、可评估、可加工、可重用，从而具备数据资产的全局、整体、可追溯等特性，揭示问题的成因、影响及风险，辅助分析人员提出对策，支撑经营决策。以融资决策为例，企业要发展必然离不开充分的资金支持，而如果企业一旦陷入急需资金的时候，往往已经陷入财务危机，很难再筹集到所需资金，所以在资金方面未雨绸缪对于企业来说非常重要。利用智能财务系统，企业可以广泛收集各个银行的贷款放贷政策，同时也根据公司自身的发展战略目标规划制定相应的融资预算。企业根据自身情况，如企业在税务平台的信用等级，以及自身的战略布局资金需求等，同时结合各个银行的贷款放款条件，分析企业可以选择的贷款融资方式方法。同时还可以分析，企业为了满足银行的贷款条件可以在哪些方面作出相应的努力。

3.3　本章小结

　　账务处理的智能化主要体现在两个方面：一是流程自动化，指利用财务机器人等技术自动实现会计操作；二是数据资产化，指将企业内部的数据从简单的信息存储和记录状态，转变为一种有价值的资产，以支持业务决策、创新和增长。本章介绍了业务流程优化的具体途径和智能账务系统中形成的数据资产的应用，旨在使学生了解人工智能技术在业务流程及账务处理中的具体应用，并对如何更好地管理会计信息数字化所形成的数据资产有更深刻的见解，为后续学习实务操作奠定基础。

 思考题

1. 除本章中列举的 6 个环节外，自动化账务处理还能应用于哪些业务？
2. 列举几个智能账务系统中形成的数据资产。
3. 谈谈你对账务处理流程自动化和数据资产化的认识。

思考题要点及讨论请扫描以下二维码：

实操篇

在企业实务中，技术发展使不同系统和部门之间的数据整合和集成更加便捷，通过接口和数据连接，不同系统之间可以实现数据的实时共享和传输，从而减少数据冗余和重复输入，提高数据的一致性和准确性，加快账务处理的速度。另外，技术发展也使实时信息成为可能，会计人员可以随时随地访问和处理财务数据，云计算和远程工作的趋势使会计人员可以远程协作和处理账务，提高了工作的灵活性和效率。此外，自动化技术、机器学习和人工智能等新技术的应用使账务处理更加自动化和智能化。例如，通过光学字符识别（OCR）和自然语言处理（NLP）技术，自动化账务处理系统可以自动识别和提取凭证信息、自动化进行账务分录和分类，减少了人工操作的错误和时间成本，提高了处理的效率和准确性。通过数据分析工具和技术，会计人员可以更深入地挖掘和分析财务数据，发现潜在的趋势和问题，提供更准确的决策支持，数据可视化工具也使财务信息更易于理解和沟通。

本篇将从实操角度，对账务处理智能化系统的主要功能展开介绍，同时以中企数智会计软件为例，展示各板块的操作流程。本篇重点对往来款项管理、报销流程、资金结算、资产管理、薪酬管理、成本结转和账务处理这7项企业财务基本活动的自动化流程进行介绍，最后分析财务报表自动化生成逻辑，以及报表可视化内容，以期为企业生产经营决策提供信息支持。

往来款项管理自动化

 本章重点

1. 了解往来款项智能化管理对企业的重要性。
2. 了解传统往来款项管理的局限性。
3. 掌握智能账务系统中应收账款管理自动化的操作流程。
4. 掌握智能账务系统中应付账款管理自动化的操作流程。

往来款项是指企业与客户、供应商之间的应收和应付款项，是智能账务管理中至关重要的一环。随着智能技术的发展，往来款项管理也迎来了自动化的转变。往来款项管理自动化利用先进的软件和系统，实现了对账款处理流程的智能化和自动化。本章将重点探讨往来账款管理自动化的意义和实际应用，以及往来账款管理自动化的核心概念和操作流程，为企业的财务管理提供切实可行的解决方案。因选用作为案例的财务机器人尚不能完全实现采购付款和销售收款的全部自动化处理，在此重点对财务系统的账务处理功能进行详细介绍，以方便读者更好地了解目前财务智能化的发展现状，以便更好地学习和使用案例系统。更高阶的智能财务机器人仍需业界和学界相关领域的人才进行更深层次的探索。

4.1 应收账款管理自动化

应收账款是企业向客户销售商品或提供服务后所产生的未收取款项，是企业资金回流的重要一环，也是企业往来款项管理的重要组成部分。传统的应收账款管理往往涉及大量的手动操作和复杂的流程，容易导致错误、延误和对账困难。然而，随着智能技术的不断发展，应收账款管理的自动化已经成为企业财务管理的重要工具。应收账款管理自动化利用先进的软件和系统，以及人工智能技术的应用，实现了对应收账款处理流程的智能化和自动化。通过将人工智能、大数据分析、自动化工作流程等技术融入应收账款管理系统，企业可以实现从订单生成到账款回收的端到端自动化，从而提高效率、降低成本，并最大限度地减少错误和风险。

功能概述

应收账款与智能账务管理系统的销项发票数据互通，实现销项发票一键生成凭证、查询发票汇总表等功能，支持多种条件的搜索筛选，默认根据系统当前账务归属期的开票时间筛选。应收账款管理自动化的功能包括以下五个方面。

1. 凭证习惯设置

企业财务人员可以根据实际情况自定义设置凭证的合成规则、日期习惯和凭证摘要的生成规则。通过进入销项管理界面并进行凭证习惯设置，系统将根据设置的规则自动生成符合公司实际情况的销项凭证。这样可以提高凭证填写的准确性和效率，减少人工操作的工作量。

2. 默认项设置

企业财务人员可以自定义设置生成凭证时的结算方式、收入类型和税额科目。通过设置默认项，系统将自动填充凭证中的结算方式、收入类型和税额科目，减少人工填写的时间和错误。这样可以确保凭证的一致性和准确性，并提高工作效率。

3. 凭证生成

在销项管理界面，财务人员可以勾选需要生成凭证的销项发票，然后点击生成凭证按钮。系统将根据凭证习惯设置和默认项设置自动生成凭证，并自动分配凭证号。这样可以快速生成与销项发票相关的凭证，减少手动操作的时间和错误。

4. 智能税务管理系统跳转

通过点击税务中心按钮，财务人员可以直接跳转到智能税务管理系统中的企业智能税务处理界面。在该界面，财务人员可以进行发票查验等相关功能。

智能财务机器人能够提取发票的识别码，并在税务局发票查验系统中对发票真伪进行查验。这样可以确保发票的合法性和准确性，提高企业遵守税务规定的能力。

5. 查看发票汇总表

通过点击查看发票汇总按钮，财务人员可以查看当月销项发票的汇总表。该发票数据与税控设备相连接，并与税控设备内的数据保持一致。通过查看发票汇总表，财务人员可以进一步核对数据，并确保申报时的准确性和一致性。

应收账款管理自动化模块的功能概述突出了其在凭证设置和生成、税务管理和发票核对方面的重要作用。通过自动化处理与应收账款相关的流程，企业能够提高工作效率、减少错误，同时遵守税务规定，实现更加精确和可靠的应收账款管理。不仅提高了工作效率和准确性，还降低了逾期账款和坏账的风险，加快了资金回收的速度。通过自助查询和在线付款功能，它提供了更便捷和灵活的客户服务。数据分析和报告功能帮助企业深入了解应收账款状况和客户付款行为，支持决策者制定战略和优化业务。整合财务系统和客户关系管理系统（CRM）提升了内部协作和沟通效率。

操作步骤

应收账款管理自动化通过应用先进的软件和技术，实现了对应收账款处理流程的智能化和自动化。它是企业财务管理中不可或缺的一部分，帮助企业提高效率、降低风险，并提供准确的财务数据和分析报告。企业应积极应用应收账款管理自动化技术，以增强竞争力、实现可持续发展的目标。以下为具体操作步骤。

1. 凭证习惯设置

企业财务人员可以自定义设置一键生成凭证的合成规则、日期习惯、凭证摘要的生成规则。首先选取票据，进入"销项"界面，要在销项管理界面右上角点击"凭证习惯设置"按钮（见图 4-1），根据页面内容逐项设置符合公司实际情况的关于销售产品等销项凭证的生成习惯，点击"保存"完成设置，不设置则使用默认的凭证生成习惯（见图 4-2）。

图 4 - 1　设置销项管理界面

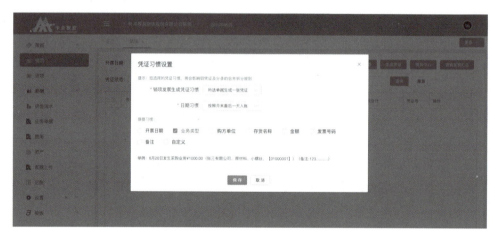

图 4 - 2　凭证习惯设置界面

2. 默认项设置

企业财务人员可以自定义设置生成凭证的结算方式与收入类型及税额科目。首先要在销项管理界面右上角点击匹配科目右侧下拉按钮，点击"默认项设置"按钮，进入销项凭证填写的默认项设置对话框，根据页面内容逐项设置符合公司销售实际情况的结算方式、收入类型和税收科目，点击"保存"完成设置，不设置则使用系统默认项生成凭证（见图 4 - 3）。

3. 凭证生成

在页面勾选需要生成凭证的销项发票后，点击"生成凭证"按钮，系统会根据凭证习惯与默认项内的设置自动生成凭证，凭证生成后，凭证号栏会自动显示该凭证的编号（见图 4 - 4 和图 4 - 5）（注：作废发票不可进行生成凭证操作）。

图 4 - 3　自定义凭证的结算方式与收入类型及税额科目

图 4 - 4　凭证生成操作步骤

经济业务　（15-1）

43000654785

山东省增值税专用发票
记账联
2019年12月9日

No 0098502

购货单位	名　称：永昌公司 纳税人识别号：43018888888888 地址、电话：济南市02104635 开户行及账号：农业银行123456789				密码 区		
货物或应税劳务名称 钟型罩		计量单位 吨	数量 60	单价 7200	金　额 432000.00	税率 13%	税　额 56160.00
价税合计（大写）		(小写）￥488160.00					
销货 单位	名　称：山东大为铸造股份有限公司 纳税人识别号：510103721146012 地址、电话：莱芜经济开发区凤凰路28号6220078 开户行及账号：农行花园路支行，51001856500				备 注		

收款人 徐波　　复核　　开票人 李三　　销货单位（章）

图 4 - 5　销项发票图示

4. 智能税务管理系统跳转

点击右上角"税务中心"按钮，进入智能税务管理系统中的企业智能税务处理界面，企业财务人员可进行发票查验等相关功能。智能财务机器人可以根据附件中的发票信息提取发票的识别码，并在税务局发票查验系统中对发票真伪进行查验，在页面输出最终的查验结果（见图4-6）。

图4-6　销项税务中心按钮图示

5. 查看发票汇总表

点击右上角"查看发票汇总"按钮，在弹出的"发票统计信息"对话框中可以查看当月销项发票汇总表，该发票数据直接与税控设备相连接，与税控设备内数据保持一致，申报时可以进一步核对数据（见图4-7）。

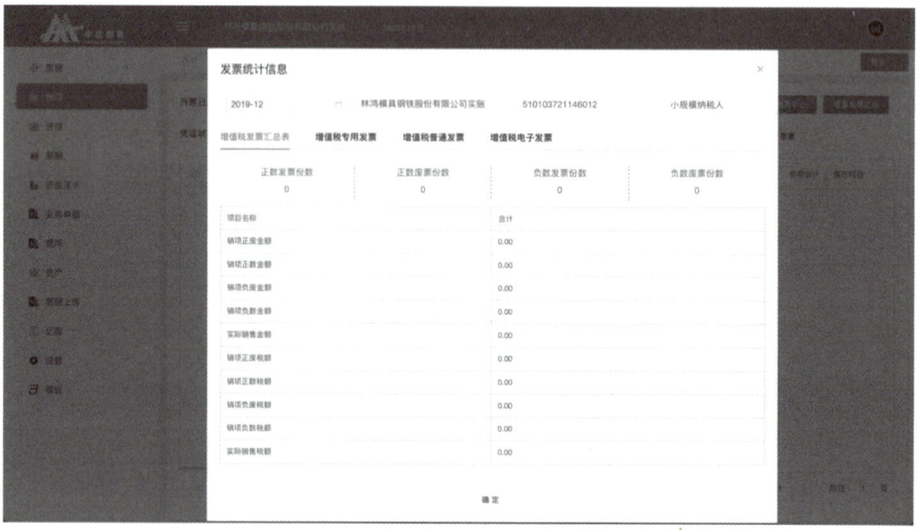

图4-7　查看发票汇总表

4.2　应付账款管理自动化

应付账款是指企业购买产品或服务后尚未支付给供应商的款项。随着企业规模的扩大和供应链的复杂性增加，应付账款管理成为财务团队必须面对的重要挑战。传统的手动处理方式容易导致付款延误、错误以及对供应商合作关系的影响。为了提高效率、降低风险，并实现更好的供应链协作，越来越多的企业开始采用应付账款管理自动化技术。

功能概述

应付账款与智能税务系统的进项发票数据互通，实现进项发票状态实时查看、一键生成凭证，查询发票汇总表等功能。支持多种搜索筛选，默认根据发票的认证归属期对发票进行筛选。以下是对应付账款管理自动化的功能概述。

1. 供应商管理

智能账务系统能够集中管理供应商信息，包括联系信息、支付条件、折扣政策等。这使企业能够更有效地与供应商进行沟通和合作，确保供应链的稳定性和可靠性。通过应付账款管理自动化系统，企业可以对供应商进行评估和选择，考虑因素包括价格、交货准时性、质量等。系统提供可视化的评估指标和历史数据分析，帮助企业建立可信赖的供应链伙伴关系。

2. 发票处理和支付管理

系统能够自动处理收到的供应商发票，包括验证发票准确性、与订单和收货记录匹配等。这减少了手动处理的工作量和出错的风险，并确保了准确的发票数据录入。应付账款管理自动化系统可设定灵活的付款审批流程，从而根据设定的规则和权限进行付款审批。通过自动化的审批流程，加强了付款的控制和透明度，并降低了支付错误和滞后付款的风险。

3. 凭证生成和税务管理

财务人员可以自定义设置一键生成凭证的合成规则、日期习惯和凭证摘要的生成规则。这提高了凭证生成的灵活性和准确性，并简化了凭证处理的步骤。此外，系统允许财务人员自定义生成凭证的结算方式、销售类型和税额科目。通过设定默认项，减少了重复设置的工作，提高了凭证生成的效率和准确性。应付账款管理自动化系统与智能税务管理系统集成，财务人员可直接跳转至税务中心进行发票查验和相关税务处理。这简化了税务管理的流程，并提供了实时的发票查验结果和报告。

4. 应付账款分析和报告

智能账务系统能够生成详尽的应付账款分析报告，包括供应商欠款情况、付款准时性、账款周期等指标。这提供了对应付账款状况的全面了解，帮助企业进行风险评估、优化供应链关系和优化资金流动。通过分析供应商付款和交货记录，应付账款管理自动化系统可以帮助企业预测供应链的需求和表现。通过准确的数据分析和预测，企业能够优化供应链的运作、提高效率和满足客户需求。

5. 数据集成和实时更新

应付账款管理自动化系统与企业的财务系统进行集成，实现数据的实时同步和一致性。这确保了财务数据的准确性和及时性，减少了数据处理和报告的时间。应付账款管理自动化系统与供应链管理系统集成，实现了订单、收货和付款的自动流转。通过实时数据的自动传递和共享，提高了供应链的协同和效率，减少了人工干预和错误。

应付账款管理自动化通过引入智能化系统和自动化工具，企业能够优化账款处理流程、提高工作效率、降低错误风险。自动化系统不仅能够加快供应商付款和交易处理的速度，还能为企业提供准确的财务数据和分析报告，这有助于企业深入了解应付账款状况和供应商绩效。此外，应付账款管理自动化还促进了内部协作和沟通效率的提升，改善了团队合作和协调工作的能力。通过积极应用应付账款管理自动化技术，企业能够增强竞争力，实现更高效的财务管理和可持续发展的目标。

操作步骤

为保持公司账务处理的匹配性和一致性，案例系统将进项页面和销项页面的设计保持了一致，降低了系统操作难度，也使销项进项数据能与税务管理模块更好地衔接。因此，进项模块的具体操作可以参照销项模块的账务处理流程，以下为具体操作步骤。

1. 凭证习惯设置

企业财务人员可以自定义设置一键生成凭证的合成规则、日期习惯、凭证摘要的生成规则。首先，选取票据，进入"进项"界面，要在进项管理界面右上角点击"凭证习惯设置"按钮（见图4-8）；其次，根据页面内容逐项设置符合公司实际情况的关于购买产品等进项凭证的生成习惯，点击"保存"完成设置，不设置则使用默认的凭证生成习惯（见图4-9）。

图4-8　设置进项管理界面

图4-9　凭证习惯设置界面

2. 默认项设置

企业财务人员可以自定义设置生成凭证的结算方式与产品类型及税额科目。首先要在进项管理界面右上角点击匹配科目右侧下拉按钮，点击"默认项设置"按钮，进入进项凭证填写的默认项设置对话框，根据页面内容逐项设置符合公司购买实际情况的结算方式、购买类型和税收科目，点击"保存"完成设置，不设置则使用系统默认项生成凭证（见图4-10）。

图4-10   自定义凭证的结算方式与销售类型及税额科目

3. 凭证生成

在页面勾选需要生成凭证的发票后，点击"生成凭证"按钮，系统会根据凭证习惯与默认项内的设置自动生成凭证，凭证生成后，凭证号栏会自动显示该凭证的编号（见图4-4和图4-11）（注：作废发票不可进行生成凭证操作）。

经济业务   (4-1)

　　　　　　　　　　　　　　增值税专用发票

43000452021　　　　　　　　发票联　　　　　　No 00035642

　　　　　　　　　　　　　　2019年12月3日

购货单位	名　称：山东大为铸造股份有限公司 纳税人识别号：510103721146012 地址、电话：莱芜经济开发区凤凰路28号 6220078 开户行及账号：农行花园路支行，51001856500	密码区			

货物或应税劳务名称	计量单位	数量	单价	金　额	税率	税　额
铝板	吨	45	3850	173250.00	13%	25522.5
铝锭	吨	65	2775	180375.00	13%	23448.75

价税合计（大写）	（小写） ￥：399596.25

销货单位	名　称：北星厂 纳税人识别号：430104745946116 地址、电话：长沙市芙蓉中路 118 号 4823888 开户行及账号：市工行浏阳河支行 9045612	备注

收款人 徐波　复核　开票人：王　　销货单位（章）

图4-11　进项发票图示

4. 智能税务管理系统跳转

点击右上角"税务中心"按钮，进入智能税务管理系统中的企业智能税务处理界面，企业财务人员可进行发票查验等相关功能。智能财务机器人可以根据附件中的发票信息提取发票的识别码，并在税务局发票查验系统中对发票真伪进行查验，在页面输出最终的查验结果（见图 4-12）。

图 4-12　进项税务中心按钮图示

5. 查看发票汇总表

点击右上角"查看发票汇总"按钮，在弹出的"发票统计信息"对话框中可以查看当月进项发票汇总表，该发票数据直接与税控设备相连接，与税控设备内数据保持一致，申报时可以进一步核对数据（见图 4-13）。

图 4-13　查看发票汇总表

4.3　本章小结

　　本章主要讨论往来账款管理自动化的重要性和实际应用，以及核心概念和操作流程，重点介绍财务系统的账务处理功能，为企业提供切实可行的财务管理解决方案，以便读者深入了解当前财务智能化的发展现状，并更好地学习和应用所采用的案例系统。

 思 考 题

　　1. 请简要说明往来款项是指什么，为什么在智能账务管理中至关重要？

　　2. 除应收账款和应付账款管理自动化外，还有哪些往来款项可以进行自动化管理？

　　思考题要点及讨论请扫描以下二维码：

报销流程自动化

本章重点

1. 了解报销流程对企业的重要性。
2. 掌握智能账务系统中报销申请自动化的操作流程。
3. 掌握智能账务系统中报销审批自动化的操作流程。
4. 掌握智能账务系统中报销发放自动化的操作流程。

随着企业日益复杂的智能账务管理需求，传统的报销流程已经显露出一系列的痛点和挑战。传统报销流程通常涉及多个环节和参与者，包括员工、主管、财务团队等。每个参与者都需要在不同的阶段完成特定的任务和批准过程。这种复杂性容易导致流程延误、信息丢失以及协调和沟通困难。不仅如此，手动填写报销单据和进行数据录入容易出现错误，例如，填写错误的金额、丢失票据等。这不仅浪费时间和精力，还会导致后续审批和财务处理的问题。由于审批和核对过程通常是通过纸质文件或电子表格进行，信息流动不畅，缺乏实时可视化的数据和进展追踪。这会在一定程度上导致缺乏对报销状态和进展的准确了解，同时也增加了合规性和内部控制的风险。此外，由于手动处理、传递和审批的过程，报销流程往往需要花费大量的时间和精力。延误和低效率会对员工的工作体验和企业的资金流动产生负面影响。在数据分析和决策支持方面，传统的报销流程往往难以提供准确和实时的数据分析，使企业难以作出基于数据的决策。没有及时的报销数据可用，财务与管理团队无法全面了解支出情况，从而无法有效地进行预算规划和战略决策。通过引入报销流程自动化，可以有效地解决这些挑战和问题。

5.1 报销申请自动化

自动化流程可以简化和加速报销流程的每个阶段，减少错误和延误。实时数据和透明度提高了控制和可视性，同时提供了更好的数据分析和决策支持。总体而言，报销流程的自动化可以提高效率、准确性和合规性，为企业带来更好的财务管理和员工体验。报销申请自动化通过建立在线报销系统，员工可以在系统内提交报销单据，包括费用类别、金额和附件等信息。系统自动化地管理和记录报销单据，提供可追溯的报销流程。

功能概述

借助智能账务系统、智能税务管理系统与外端采集设备相连接，实现企业报销流程的自动化处理。报销流程的第一步是员工提交报销申请。在传统的手动流程中，员工通常需要填写纸质表格或通过电子表格提交申请。然而，在自动化的报销流程中，可以通过在线报销系统或移动应用程序进行申请提交。员工可以直接输入相关信息、上传支持文件，并选择适当的费用类别和金额。这样可以减少烦琐的手工操作和纸质文件的使用，提高效率和准确性。报销申请自动化的功能包括以下六个方面。

1. 新增业务单据

员工通过在线报销系统新增业务单据，填写费用明细、金额、费用类别等信息。系统提供直观的界面和字段，使员工能够方便地录入费用信息，确保报销申请的起始点准确无误。

2. 结算方式设置

在报销申请中，员工可以设置适用的结算方式，如银行转账、现金等。通过费用单的结算方式选择对话框，员工可以选择单据的结算方式，并可以根据需要添加或删除多种结算方式。这确保了报销发放时按照指定的方式进行，提高了报销流程的灵活性和准确性。

3. 凭证习惯设置

员工可以进行凭证习惯的设置，包括选择凭证模板和设置凭证编号规则。通过设置合成规则、日期习惯和凭证摘要的生成规则，员工可以确保报销凭证的一致性和规范性。这简化了凭证处理的步骤，并提高了凭证生成的效率和准确性。

4. 发票查验

在线报销系统会自动进行发票查验，验证发票的真实性和合规性。系统自动进入智能税务管理系统中的企业智能税务处理界面，通过智能财务机器人提取发票的识别码，并在税务局发票查验系统中对发票真伪进行查验。这减少了人工处理的工作量，提高了发票处理的准确性和效率。

5. 生成费用凭证

基于报销单据的信息和发票验证结果，系统自动生成相应的费用凭证。系统将报销单据与财务凭证进行关联，确保凭证的准确性和完整性。通过勾选已保存的费用单据并点击生成凭证按钮，系统能够自动生成费用凭证，减少了手动处理的工作量。

6. 凭证查看及删除

员工可以在系统中查看已生成的凭证，并有权限删除不正确的凭证。通过点击费用单内的凭证号，员工可以查看凭证的详细信息。同时，员工可以勾选需要删除的费用单据并点击删除按钮，实现凭证的删除操作。这提供了凭证的可视化管理和纠错的能力，确保了凭证数据的准确性和及时性。

此处的"费用管理"模块主要是用于维护日常发生的、经常性的、金额较小的费用类业务单据，如劳务费、管理人员薪酬、交通费、罚款支出等费用类项目支出。

操作步骤

通过报销申请的自动化管理，一方面可以提高效率和节约时间。另一方面能够减少错误和纠正成本。传统的报销流程容易出现人为错误，如填写错误的金额、丢失票据或遗漏必要的文件。报销流程自动化可以通过事先设定规则和验证机制来减少这些错误的发生，并自动检查和核对数据的准确性。以下为具体操作步骤。

1. 新增业务单据

员工通过在线报销系统新增业务单据，填写相关的费用明细、金额、费用类别等信息，该步骤是报销申请的起始点。登录智能账务系统，点击票据下的费用模块，点击页面右侧"新增"按钮，选择费用类型（系统会自动匹配该项费用所对应的会计科目），输入价税合计及税额，填写附件张数，完成后点击操作栏右上方的保存图示按钮，保存该条费用明细（见图5-1）。

图5-1　新增费用单据步骤

2. 结算方式设置

在报销申请中，员工可以设置适用的结算方式，如银行转账、现金等，以确保报销发放时按照指定的方式进行。在费用单右侧可以自行设置结算方式，默认结算方式为现金。点击费用右侧"结算"字样的按钮，打开结算方式选择对话框，在对话框中选择该费用单的结算方式，结算方式可以选择现金、银行、暂未付款、员工借款和员工垫付；如结算方式超过一种，可以点击结算金额右侧的"＋"，增加其他结算方式，也可以点击结算金额右侧的"－"，实现结算方式的删减（见图5-2）。

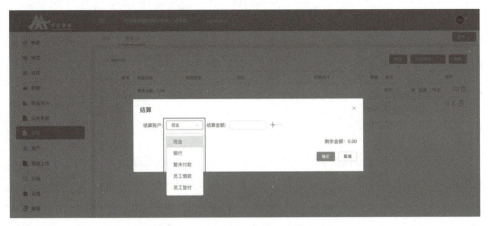

图 5 - 2 设置费用默认结算方式

3. 凭证习惯设置

员工可以进行凭证习惯的设置，包括选择凭证模板、设置凭证编号规则等，以确保报销凭证的一致性和规范性。可以自定义设置一键生成凭证的合成规则、日期习惯、凭证摘要的生成规则。首先点击费用，进入"费用"界面，要在费用管理界面右上角点击"生成凭证"按钮（见图 5 - 3），根据页面内容逐项设置符合实际情况的关于费用凭证的生成习惯，点击"保存"完成设置，不设置则使用默认的凭证生成习惯。

图 5 - 3 凭证习惯设置界面

4. 发票查验

在线报销系统会自动进行发票查验，验证发票的真实性和合规性，减少人工处理工作，提高发票处理的准确性和效率。发票查验将自动进入智能税务管理系统中的企业智能税务处理界面，企业财务人员可进行发票查验等相关功能。智能财务机器人可以根据附件中的发票信息提取发票的识别码，并在税务局发票查验系统中对发票真伪进行查验，在页面输出最终的查验结果。

5. 生成费用凭证

基于报销单据的信息和发票验证结果，系统自动生成相应的费用凭证，该步骤将报销单据与财务凭证进行关联，确保凭证的准确性和完整性。勾选已保存的费用单据，点击右侧"生成凭证"按钮，生成费用凭证（见图5-4）。

图5-4   生成费用凭证

6. 凭证查看及删除

员工可以在系统中查看已生成的凭证，并有权限删除不正确的凭证，确保凭证的可视化管理和纠错的能力。点击费用单内的凭证号可以查看凭证，勾选需要删除的费用单据，点击右侧"删除"按钮，可删除凭证。

5.2 报销审批自动化

报销审批自动化是指在报销系统内，根据预设规则和权限，报销单据会自动流转至相应的审批人员进行审批，系统自动跟踪审批进度，并记录审批意见和决策。利用财务机器人技术，系统可以自动处理发票相关操作，包括从附件中识别发票信息、进行真伪校验和合规性检查，减少人工处理工作量和提高准确性。

功能概述

报销审批自动化包括原始凭证的审核查验、发票的查验和避免重报以及凭证的自动生成等功能。报销申请提交后，自动化系统会根据预设的规则和流程自动分配给相应的审批人员。审批人员可以通过系统收到通知，查看申请的详细信息，并进行审批决策。

1. 发送审批通知

智能账务系统会自动将员工提交的报销单据发送给相应的审批人员，通知其有待审批的报销申请。审批通知可以通过电子邮件、系统通知或其他方式进行，确保审批人员及时获知待处理任务。

2. 自动化审批流程

一旦审批人员收到审批通知，可以通过智能账务系统进行审批操作。在在线系统中，审批人员可以登录账号，找到待审批的报销单据，并通过阅读费用明细、附件等信息来作出审批决策。系统会根据预设规则和权限自动跳转至下一个审批人员，直至审批流程完成。

3. 审批意见和附件添加

在系统中，审批人员可以添加审批意见和相关附件，以便于提供审批过程的记录和可追溯性。审批意见输入框允许审批人员填写审批决策的理由，而附件上传功能可用于提交相关支持文件。

4. 自动通知和提醒

智能账务系统会根据审批进度自动发送通知和提醒。这包括将审批结果通知给申请人和财务人员，以及及时传达审批结果，加快后续的处理流程。

5. 审批结果记录和报表生成

系统会自动记录审批结果，包括审批意见、审批人员和审批时间等信息。这些数据将被妥善保存以供后续审计和监管。同时，系统还能生成审批报表，提供审批流程的统计和分析，帮助企业更好地了解报销审批的整体状况。

通过报销审批自动化功能，企业可以有效降低报销的处理时间，提高审批的准确性和透明度，减少审批错误和遗漏。同时，自动记录和报表生成也为企业的财务管理提供了更好的支持和决策依据。这项功能的实施将有助于优化企业财务流程、提升管理效率、提高员工和财务团队的满意度，为企业的发展和成长提供有力支持。

此处的"费用管理"模块主要是用于维护日常发生的、经常性的、金额较小的费用类业务单据，如劳务费、管理人员薪酬、交通费、罚款支出等费用类项目支出。

操作步骤

报销审批自动化流程带来了许多优势，如提高审批效率、减少审批时间、降低审批错误和增强审批过程的可追溯性。通过智能账务系统的自动化功能，企业可以更加高效地处理报销事务，节省时间和资源、提升财务管理的效率和准确性。同时，审批结果的记录和报表生成也为企业提供了更好的审计和监管支持。以下为具体操作步骤。

1. 发送审批通知

系统自动将员工提交的报销单据发送给相应的审批人员，通知其待审批的报销申请，审批通知可以通过电子邮件、系统通知或其他方式进行。

2. 自动化审批流程

审批人员收到审批通知后，在智能账务系统中进行审批操作，审批人员在在线系统中登录账号，找到待审批的报销单据，点击打开并阅读费用明细、附件等信息，根据判断，选择"同意"或"驳回"等审批决策，点击"提交"或"下一步"按钮，将审批流程转发至下一位审批人员。系统会根据预设规则和权限自动跳转至下一个审批人员，直到审批流程完成。

3. 审批意见和附件添加

审批人员可以在系统中添加审批意见和相关附件，作为审批决策的依据，以便于提供审批过程的记录和可追溯性。在审批页面中，找到审批意见输入框；输入审批意见，如需要可以上传附件作为参考；点击"保存"或"提交"按钮，将意见和附件关联到审批记录中（见图 5－5）。

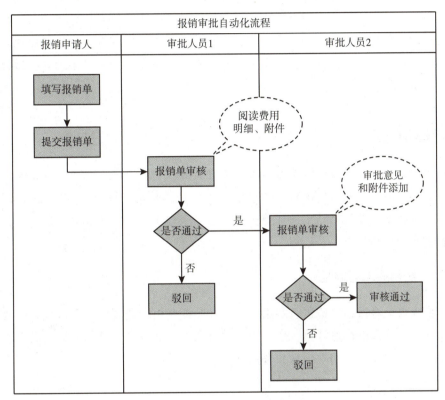

图 5－5　报销审批自动化流程

4. 自动通知和提醒

系统会根据审批进度自动发送通知和提醒，包括将审批结果通知给申请人和财务人员，及时传达审批结果，加快后续的处理流程。

5. 审批结果记录和报表生成

系统会自动记录审批结果，包括审批意见、审批人员和审批时间等信息。同时，系统也可以生成审批报表，提供审批流程的统计和分析。

5.3   报销发放自动化

系统审核完成后，会自动处理报销数据，包括费用计算、税务要求等，会将报销资金发放到相应的账户，以实现报销流程的结束，生成准确的报销结果。同时，系统通过邮件或通知等方式向申请人和财务人员发送报销结果通知，以提供实时的报销信息。

功能概述

报销发放自动化是智能账务系统的关键功能之一，旨在提高企业报销发放流程的效率、准确性和可追溯性。该功能涵盖了费用核算与验证、支付方式选择、自动支付触发以及支付结果通知等多个步骤，全程实现自动化处理。以下是该功能的主要步骤和特点。

1. 费用核算与验证

系统自动对报销申请进行费用核算，并验证费用的合规性。通过预设的规则和算法，系统可以快速计算各项费用，并自动检查是否符合公司的报销政策和税务要求，以确保报销的准确性和合法性。

2. 支付方式选择

根据公司的支付政策和员工的设置，系统提供灵活的支付方式选择。财务人员可以根据具体情况，轻松设置适当的支付方式，如银行转账、支票或电子支付，确保报销款项以最便捷的方式发放。

3. 自动支付触发

一旦费用核算和支付方式选择完成，财务人员只需点击一键，系统即可自动触发支付流程。所有相关步骤，包括生成支付指令、发送支付请求等，都由系统自动完成，无须人工干预，这大大提高了支付的效率和准确性。

4. 支付结果通知

系统会在支付流程完成后，自动发送实时支付结果通知给申请人和相关财务人员。这些通知包含详细的支付信息和结果，让每个相关方都能及时了解支付状态，减少了因信息滞后而产生的疑虑和沟通成本。

通过报销发放自动化功能，企业可以实现报销流程的自动处理，减少人工干预、提高工作效率、降低出错率，并且为企业提供更好的财务管理支持。同时，自动化的支付结果通知也能提供更好的沟通与反馈机制，增强了报销流程的透明度和用户体验。

此处的"费用管理"模块主要是用于维护日常发生的、经常性的、金额较小的费用类业务单据，如劳务费、管理人员薪酬、交通费、罚款支出等费用类项目支出。

操作步骤

报销发放自动化包含付款处理、报销记录和报表生成的过程。借助智能账务系统、智能税务管理系统与外端采集设备相连接，实现企业报销发放的自动化处理。以下为具体操作步骤。

1. 费用核算与验证

系统自动对已审批通过的报销申请进行费用核算，包括费用的计算、税务要求的处理等；同时，进行费用验证，确保报销申请的合规性和准确性。财务人员登录智能账务系统，进入"费用"界面，点击"费用核算"按钮，系统自动计算和核算报销费用；点击"验证费用"按钮，系统自动进行费用验证，确保合规性和准确性。

2. 支付方式选择

根据公司的支付政策和员工的设置，系统自动选择适当的支付方式，如银行转账、支票等，本步骤确保报销发放时按照规定的支付方式进行。点击"支付方式设置"按钮，选择适当的支付方式，如银行转账、支票等。在支付方式设置界面中填写相关的支付信息，如收款账户、银行信息等。

3. 自动支付触发

根据费用核算和支付方式的设定，系统自动触发支付流程，将报销款项自动支付给申请人，以减少人工操作，提高发放的效率和准确性。系统根据费用核算结果和支付方式的设定自动触发支付流程；点击"确认支付"按钮，系统自动处理支付事务，包括生成支付指令、发送支付请求等。

4. 支付结果通知

系统自动发送支付结果通知给申请人和相关财务人员，通知他们支付的详细信息和结果，并提供实时的支付信息，以方便申请人和财务人员进行跟踪和记录。系统自动生成支付结果通知，包括支付成功或失败的消息；点击"发送通知"按钮，系统自动将支付结果通知发送给申请人和相关财务人员（见图5-6）。

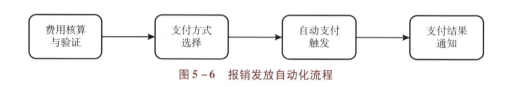

图5-6　报销发放自动化流程

5.4　本章小结

本章重点介绍报销流程自动化，包括报销申请自动化、报销审批自动化和报销发放自动化，旨在解决传统报销流程的问题，提高报销效率和准确性。通过本章的学习，可以更好地理解自动化流程的优势，帮助会计人员实现准确的数据分析和提供决策支持。

 思考题

1. 传统报销流程中存在哪些挑战？这些问题可能导致什么样的结果？
2. 报销流程自动化有哪些优势？如何解决传统报销流程中的挑战？

思考题要点及讨论请扫描以下二维码：

第 6 章

资金结算智能化

本章重点

1. 了解资金结算智能化的内涵。
2. 了解资金结算智能化的意义。
3. 掌握资金流水信息管理的操作流程。
4. 掌握资金流水凭证生成的操作流程。

　　资金结算的自动化管理正在成为现代企业财务运营的必备趋势。面对传统手动处理方式的种种局限性，企业纷纷转向先进的技术和系统，以实现资金结算的自动化。通过自动化管理，企业能够以更高的效率处理资金结算流程，降低了人为错误的风险，并确保了财务数据的准确性和合规性。这种自动化方法不仅节省了时间和资源，还为企业带来了更精确、可靠的财务管理解决方案。资金结算的自动化管理不仅提高了企业的运营效率，还加强了对资金流动的控制和追踪能力，为企业的财务稳定和业务发展提供了坚实的基础。通过实现资金结算的自动化，企业能够有效应对竞争压力，提升业务的竞争力和可持续发展能力。

6.1　资金流水信息管理

　　在企业的资金结算过程中，准确记录和管理资金流水信息是至关重要的。通过资金流水信息管理的自动化，企业可以实现实时记录、分类和跟踪资金的流入和流出情况。这种自动化不仅消除了烦琐的人工操作，还大大减少了人为错误和遗漏的可能性。同时，自动化的资金流水信息管理为企业提供了更深入的数据分析和决策支持，使管理层能够准确把握资金状况，及时调整策略和优化资源配置。

功能概述

资金流水信息管理的自动化涉及企业对资金流动的全面管理和跟踪。通过自动化系统，企业可以实时记录、分类和分析资金的流入和流出情况，从而提高财务管理的准确性和效率。资金流水信息管理的功能包括以下两个方面。

1. 手动添加资金流水

在智能账务系统的票据管理系统下，员工可以手动添加资金流水信息。通过进入资金流水管理页面并点击新增按钮，员工可以填写资金流水的相关信息，包括日期、摘要、收支类型、会计科目、对方户名和金额等。这个功能允许员工手动记录资金的流入和流出情况，以确保资金信息的准确性和完整性。

2. 批量导入资金流水

员工可以通过批量导入的方式快速导入大量的资金流水信息。在资金流水管理页面，员工可以点击导入按钮，并选择对应文件夹中的银行对账单进行导入。系统会自动解析和导入银行对账单的信息，这提高了导入资金流水的效率和准确性。如果批量导入不成功，员工还可以下载通用的资金流水导入的 Excel 模板，按照模板填写资金流水信息后再进行导入，以确保数据的正确性。

操作步骤

资金流水信息管理系统使员工可以方便地添加和导入资金流水信息，以确保资金信息的准确性、完整性和及时性。该系统提供了可靠的资金流水管理工具，帮助企业实时掌握资金动态，支持财务决策和报表编制。以下为具体操作步骤。

1. 手动添加

在智能账务系统的票据管理系统下，点击"资金流水"进入资金流水管理页面。在资金流水管理界面点击右侧"新增"按钮，添加企业资金流水信息，库存现金和银行存款流水信息，填写日期、摘要、收支类型、会计科目、对方户名以及金额（见图 6 – 1）。

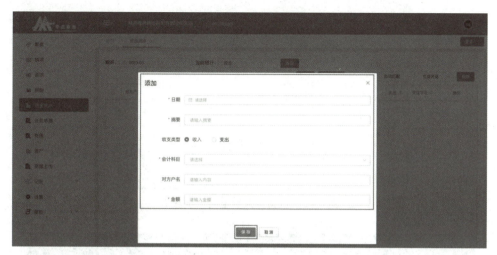

图 6 - 1　手动添加资金流水信息步骤

2. 批量导入

点击资金流水管理页面右侧的"导入"按钮，弹出"导入资金流水"对话框，点击"选择对账单"右侧的"导入"按钮（见图 6 - 2），选择对应文件夹中的银行对账单，点击确定可自动导入银行对账单信息（见图 6 - 3）；如导入不成功，可点击资金流水管理页面右上方"导入"按钮右侧的下拉箭头，下载通用的资金流水导入的 Excel 模板，按模板填写后导入系统（见图 6 - 4）。

图 6 - 2　批量导入资金流水步骤 1

图 6-3　批量导入资金流水步骤 2

图 6-4　银行流水信息手工批量调整

6.2　资金流水凭证生成

　　资金结算的另一重要部分就是资金流水凭证，凭证的生成和管理对于财务的准确性和合规性至关重要。通过资金流水凭证管理的自动化，企业能够实现自动生成和自动化处理财务凭证的全过程。这种自动化不仅能够提高凭证生成的效率和准确性，还能确保凭证的及时审核和审批。通过自动化的凭证编号和归档，企业能够轻松进行日后的审计和查询。资金流水凭证管理的自动化为企业带来了便捷性和可追溯性，使财务管理更加高效、准确和可靠。

功能概述

　　将公司资金流水与现金相关业务生成凭证；支持银行对账单直接导入自动生

成凭证。资金流水凭证管理的自动化涉及企业对资金流水凭证的生成、审核和管理。通过自动化系统，企业可以实现凭证的自动化处理和管理，提高财务凭证的准确性和效率。资金流水凭证管理的功能包括以下五个方面。

1. 设置凭证生成习惯

通过选择凭证习惯设置选项，并根据实际情况自定义一键生成凭证的合成规则、日期习惯和凭证摘要的生成规则。这个功能确保了凭证生成的一致性和规范性，提高了凭证的处理的效率。

2. 设置自动匹配科目

自动匹配科目功能能够自动将收款和付款的资金流水匹配到相应的会计科目上。通过往来科目匹配设置对话框，企业财务人员可以设置收款和付款的匹配科目、辅助核算和是否自动创建科目。该功能简化了会计科目的设置过程，提高了准确性和效率。

3. 自动匹配会计科目

系统根据之前设置的匹配科目，自动将资金流水信息与相应的会计科目进行关联。该功能减少了手动设置会计科目的工作量，提高了凭证的生成速度和准确性。

4. 批量设置会计科目

企业还可以批量设置资金流水信息所对应的会计科目。通过选中需要进行科目匹配的资金流水信息，并点击批设科目按钮，可以一次性对选中的资金流水信息设置相应的会计科目。该功能适用于批量处理多条资金流水信息的场景，提高了效率和准确性。

5. 一键生成凭证

勾选需要生成凭证的资金流水信息后，企业可以点击"生成凭证"按钮，系统将自动根据设置的凭证习惯和会计科目生成相应的凭证。这个功能实现了资金流水与会计凭证的关联，确保了凭证的准确性和完整性。同时，系统还可以根据银行对账单生成银行存款余额调节表，并将其保存至当月的会计账簿资料中，提醒财务人员对不平的项目进行核查。

操作步骤

资金流水凭证生成系统通过设置凭证习惯、自动匹配科目以及一键生成凭证的功能，帮助企业自动化地生成资金流水对应的会计凭证。这个系统提高了凭证处理的效率和准确性，简化了会计科目的设置过程，并实现了资金流水和会计凭证的智能关联。以下为具体操作步骤。

1. 设置凭证生成习惯

在资金流水管理页面右上方点击"生成凭证"右侧下拉按钮，选择"凭证习惯设置"选项，进入凭证习惯设置界面，选择与本公司相匹配的资金流水凭证生成习惯，自定义设置一键生成凭证的合成规则、日期习惯、凭证摘要的生成规则，单击"保存"按钮完成设置，不设置则使用默认的凭证生成习惯（见图6-5）。

图6-5　银行流水凭证生成习惯设置

2. 设置自动匹配科目

在资金流水管理页面右上方点击"自动匹配"按钮右侧下拉按钮，单击自动匹配设置，弹出"往来科目匹配设置"对话框，企业财务人员可以在该界面对收款和付款的匹配科目、辅助核算和是否自动创建科目进行设置，修改完成后单击"确定"退出该界面（见图6-6）。

3. 自动匹配会计科目

选中需要进行科目匹配的资金流水信息，点击资金流水管理页面右上方的

"自动匹配"按钮，可以根据设置的匹配科目对相应的资金流水信息进行会计科目的设置（见图 6 - 7）。

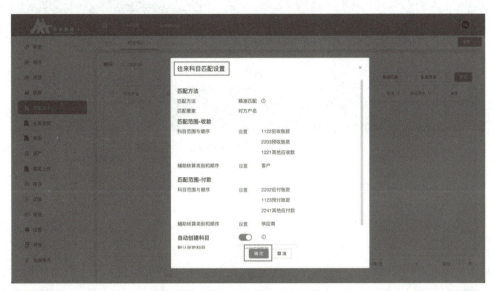

图 6 - 6　银行流水往来科目匹配设置

图 6 - 7　自动匹配会计科目步骤

4. 批量设置会计科目

选中需要进行科目匹配的资金流水信息，点击资金流水管理页面右上方的"批设科目"按钮，可以对选中的资金流水信息所对应的会计科目进行批量设置（见图 6 - 8）。

图6-8 批量设置资金流水匹配的会计科目

5. 一键生成凭证

勾选需要生成凭证的企业的资金流水信息，点击右侧"生成凭证"按钮，一键生成凭证（见图6-9）。

图6-9 根据银行流水信息一键生成凭证步骤

月末根据银行传来的对账单与企业会计中对银行存款明细表的记录，自动生成银行存款余额调节表，并自动保存至当月的会计账簿资料中，余额调节表不平时，自动给财务人员发送邮件或通知，提醒财务人员定期内对该项目进行核查。

6.3　本章小结

　　资金结算自动化管理已成为不可忽视的趋势。本章详细介绍了资金结算自动化管理在企业财务运营中的重要地位，以及资金结算智能化的操作流程，包括资金流水信息管理和资金流水凭证生成的自动化。通过本章的学习，可以更好地了解资金结算的自动化管理，帮助企业实现更高效、准确和可靠的财务管理，提升运营效率和竞争力。

 思考题

　　1. 资金流水信息管理的自动化有哪些优势？如何帮助企业实现更好的财务管理？

　　2. 资金流水凭证生成的自动化如何帮助企业简化财务操作？

　　思考题要点及讨论请扫描以下二维码：

资产管理智能化

 本章重点

1. 了解资金管理智能化的内涵。
2. 了解资金管理智能化的意义。
3. 掌握智能账务系统中资产管理的操作流程。
4. 掌握智能账务系统中类别管理的操作流程。
5. 掌握智能账务系统中查看资产明细表的操作流程。

每个企业都拥有大量资产，资产管理涉及对企业的固定资产、库存和现金等进行跟踪、评估、处置和报表分析的过程。在智能账务中，资产管理通过引入自动化和智能化的系统和工具，为企业提供了更高效、准确和可追溯的资产管理方案。通过智能账务系统，企业能够实时了解资产的状况和价值，准确计算折旧和摊销，规范资产的处置和报废流程，并生成详尽的资产报表和分析。这不仅能提高资产管理的效率和精度，还有助于企业作出明智的决策、遵守会计准则和税法规定，并实现财务稳健和可持续发展的目标。通过智能账务系统的资产管理功能，企业能够优化资产的利用和价值，降低风险和成本，并增强企业的竞争力和长期发展潜力。

7.1 资产管理

在企业运营中，资产管理是一项关键任务，涉及跟踪、评估和管理企业的各类资产。资产管理的目标是确保企业资产的安全性、高效性和价值最大化。通过智能账务系统的资产管理功能，企业可以实现对固定资产、库存和现金等重要资产的全面管理和监控。智能账务系统提供了自动化的资产跟踪、折旧计

算和价值评估功能，使企业能够准确了解资产的位置、状况和价值，有效规划
资产的使用和处置，降低了损失和浪费的风险，并提高了企业的财务稳健性和
运营效率。

功能概述

资金管理模块涉及对企业资产进行全面管理和监控。通过自动化系统，企业
能够实时跟踪和记录各类资产的状态、价值和位置信息，提高资产利用率和价值
的最大化。资产管理的功能包括以下四个方面。

1. 资产卡片管理

资金管理模块提供了资产卡片的管理功能，通过进入资产管理页面，财务
人员可以新增固定资产、无形资产或长期待摊费用等。在资产卡片管理页面，
财务人员可以填写相关资产信息，如资产类别、资产名称、购入日期、原值、
预计折旧期间数、折旧方法、残值率、预计净残值、累计折旧科目和费用科目
等。保存后，这些资产卡片将被记录在系统中，方便后续的资产管理和凭证
生成。

2. 资产批量导入

为了提高效率，资金管理模块支持资产的批量导入。通过下载系统提供的
Excel 模板并填写相应的信息，财务人员可以将多个资产一次性导入系统。这对
于那些资产数量较多的企业或批量采购资产的情况非常有用，大大简化了资产管
理的流程。

3. 资产的查看与处置

在资产管理系统中，财务人员可以选择需要管理的资产项目，并对其进行查
看和处置。通过点击资产卡片界面中的查看按钮，财务人员可以查看资产的卡片
信息、折旧明细、变动明细和资产处置情况。这样，财务人员可以及时了解资产
的状态和变动情况，方便进行资产管理和决策。

4. 生成凭证

资金管理模块支持根据资产的折旧和摊销情况生成相应的凭证。在资产管理

界面中，财务人员可以勾选需要生成折旧或摊销凭证的资产项目，并点击"生成凭证"按钮。系统将根据设置的折旧规则和摊销规则自动计算和生成凭证，方便财务人员进行会计核算和报表填报。同时，可以根据资产所在部门进行折旧和摊销，便于产品成本和费用的归集，提高企业的成本控制和管理效率。

操作步骤

资金管理模块突出了在资产管理、凭证生成和成本归集等方面的重要作用。通过对资产的有效管理和凭证的自动生成，企业可以实现资产的合理利用和核算，提高财务管理的精确性和效率。同时，资金管理模块还支持多种操作方式，如手动录入和批量导入，以满足企业不同规模和需求的资产管理需求。以下为具体操作步骤。

1. 资产管理界面

首先进入智能账务系统下的票据管理模块，选择进入资产下面的资产管理页面，单击该页面下的"资产卡片"按钮，进入固定资产卡片管理页面（见图7-1和图7-2）。

图7-1　进入资产管理界面步骤1

图 7 - 2　进入资产管理界面步骤 2

2. 资产卡片管理

点击资产卡片页面中的"新增"按钮，可以根据企业需要选择新增固定资产、无形资产或长期待摊费用等，并按照页面要求填写资产类别、资产名称、购入日期、原值、预计折旧期间数、折旧方法、残值率、预计净残值、累计折旧科目、费用科目等信息，完成之后点击"保存"按钮返回到资产卡片管理页面（见图 7 - 3）。

3. 资产批量导入

点击"导入"右侧的下拉按钮，下载 Excel 模板，根据企业目前的状况维护好模板以后保存到文件夹中，点击"导入"按钮选择维护好的模板，可以批量导入资产（见图 7 - 4）。

4. 资产的查看与处置

在资产管理系统中的资产卡片界面，企业财务人员可以选择需要进行管理的资产项目，并在右侧操作栏中对其进行查看、处置或删除处理。点击资产卡片界面中操作栏的"查看"按钮，出现如图 7 - 5 的页面，依次点击卡片信息、折旧明细、变动明细和资产处置，企业财务人员可修改资产的卡片信息，查看资产的折旧明细和变动明细，或者对需要处置的资产进行处置。

图 7 - 3   固定资产卡片手动录入

图 7 - 4   资产卡片批量导入

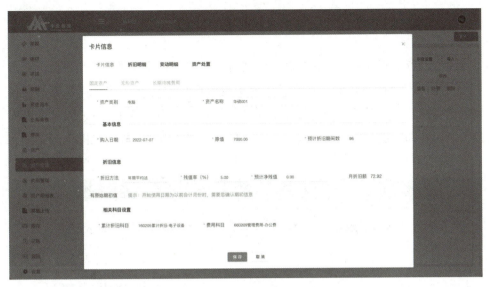

图 7 – 5　资产的查看与处置

5. 返回折旧摊销

资产卡片维护好之后，单击页面的"返回折旧摊销"按钮，系统返回到资产管理界面（见图 7 – 6）。

图 7 – 6　返回折旧摊销

6. 生成凭证

返回到资产管理系统，在界面中勾选需要生成折旧或摊销的资产项目，点击右侧"生成本期折旧凭证"按钮，生成固定资产折旧凭证（注意：系统每月自动依据类别管理中对资产的设置，对企业的资产计提折旧或摊销）；同时可以根据资产所在部门进行折旧和摊销，便于产品成本和费用的归集（见图7-7）。

图 7-7   凭证生成结果

7.2   类别管理

类别管理是资产管理中的重要环节，它涉及对企业资产进行分类和组织，以便更好地进行跟踪和管理。通过智能账务系统的类别管理功能，企业可以根据资产的特性和用途将其进行分类和分组，实现对不同类别资产的统一管理和监控。智能账务系统提供了灵活的类别定义和设置功能，使企业能够根据自身的需求和业务特点创建适合的资产类别，确保资产管理的准确性和一致性。类别管理的有效实施可以帮助企业更好地掌握资产情况，进行有针对性的决策和规划，并优化资产配置和利用效率。

功能概述

通过对资产进行分类和分组，便于管理和查询。自动化系统提供了强大的类别管理功能，类别管理的功能包括以下两个方面。

1. 系统内置资产分类

类别管理模块提供了系统内置的资产分类，在进入资产类别管理界面后，财务人员可以看到系统预设的资产分类列表。这些分类包括分类名称、资产属性、折旧年限、折旧方法以及折旧对应的账务处理科目等信息。系统内置的资产分类可以作为基准参考，方便财务人员根据企业所属行业和管理规定进行后续的分类管理。

2. 新增、修改和删除分类

企业财务人员可以根据本企业所属行业和资产管理规定对现有的资产分类进行管理。在类别管理页面中，财务人员可以进行新增、修改和删除分类的操作。新增分类可以根据企业的具体需求和管理要求添加新的分类，包括分类名称、资产属性、折旧年限、折旧方法以及折旧对应的账务处理科目等信息。修改分类可以对现有的分类进行调整和修改，以适应企业的变化和管理需要。删除分类可以将不再使用的分类从系统中移除，确保资产分类的整洁和准确性。

类别管理模块的功能概述突出了其在资产分类管理和维护方面的重要作用。通过合理分类和管理资产，企业可以更好地进行资产核算和管理。

操作步骤

类别管理模块支持企业根据自身行业特点和管理规定进行定制化的分类管理，确保资产分类与企业实际情况相匹配。通过类别管理，企业能够更加精细地管理资产，提高财务管理的准确性和效率。以下为具体操作步骤。

1. 资产类别管理界面

首先依次点击"资产→类别管理"进入资产类别管理界面，会出现系统内置的资产分类，包括分类名称、资产属性、折旧年限、折旧方法以及折旧对应的账务处理科目等（见图 7-8）。

图7-8　资产类别管理

2. 资产类别的新增和修改

企业财务人员可以根据本企业所属行业以及本企业的资产管理规定对类别管理页面中现有的资产类别进行新增、修改或删除（见图7-9）。

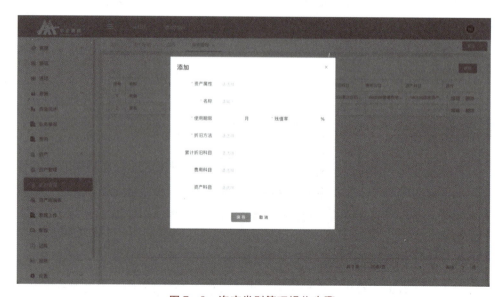

图7-9　资产类别管理操作步骤

7.3 资产明细表

资产明细表是资产管理中的重要工具，能够帮助企业记录所有资产的详细信息和变动情况。通过智能账务系统的资产明细表功能，企业可以实现对每个资产的详细记录和跟踪。资产明细表包含资产的基本信息、购买和入库记录、折旧和摊销情况以及处置和报废的流程。智能账务系统提供了自动化的资产明细表生成和更新功能，使企业能够方便地查看和管理每个资产的详细情况，实时了解资产的价值和状况，进行合理的决策和规划。资产明细表的准确和完整记录可以帮助企业满足会计和税务要求，并提供可靠的财务信息和报告。

功能概述

明细表可以清晰记录和展示企业的各项资产信息。自动化系统提供了便捷的资产明细表功能，资产明细表的功能包括以下两个方面。

1. 资产计提减值准备

智能账务系统会自动抓取某项资产年末的市场平均价格，并根据资产的净值计算应当计提的减值准备金额。系统会将这些数据汇总并呈现给财务人员，由财务人员根据当前的市场价值和资产的实际使用情况进行综合判断，判断某项固定资产是否应当计提减值准备以及减值准备的金额。这样可以帮助企业更好地评估资产价值和风险，进行财务决策和预警。

2. 固定资产明细查看

在资产明细表界面中，管理人员可以方便地查看固定资产的累计折旧或摊销的计提明细信息。通过选择具体的资产类别和摊销时间，管理人员可以获取特定资产类别在特定时期内的折旧或摊销情况。这包括资产的名称、购入日期、原值、折旧年限、折旧方法以及相关的计提凭证和科目等详细信息。通过资产明细表的查看功能，管理人员可以实时了解固定资产的折旧和摊销情况，便于资产管理和财务分析。

资产明细表模块有助于企业进行风险评估、财务分析和决策制定。资产明细表模块为企业提供了便捷的数据查询和分析工具，提高了财务管理的准确性和效率。

操作步骤

资产明细表模块突出了其在资产计提减值准备和资产明细查看方面的重要作用。通过系统自动计算减值准备和提供详细的资产明细信息，企业能够更好地掌握固定资产的价值变动和使用情况。以下为具体操作步骤。

1. 资产计提减值准备

智能账务系统可以自动抓取某项资产年末的市场平均价格，并自动计算该项资产的净值，通过将其进行比对，可以判断某项固定资产是否应当计提减值准备以及应当计提的减值准备的金额，并将数据汇总至财务人员，由财务人员根据当前的市场价值以及固定资产的实际使用情况对是否集体减值准备进行综合判断。

2. 固定资产明细查看

在固定资产明细界面中，管理人员可以查看资产累计折旧或摊销的计提明细信息；可选择具体的某项类别的资产、摊销时间进行查看（见图7-10）。

图 7 - 10　固定资产明细的汇总与查看

7.4　本章小结

　　本章重点介绍资金管理智能化的操作流程以及资产管理在现代企业财务运营中的重要性和智能化趋势。通过智能账务系统，企业能够实时了解资产的状况和价值，准确计算折旧和摊销，规范资产的处置和报废流程，并生成详尽的资产报表和分析。通过本章的学习，能够帮助财务人员和企业作出明智的决策、遵守会计准则和税法规定，并实现财务稳健和可持续发展的目标。

思考题

　　1. 什么是资产管理智能化？它在企业财务管理中的作用是什么？

　　2. 在智能账务系统中，资产管理智能化如何帮助企业实现财务稳健和可持续发展？

　　思考题要点及讨论请扫描以下二维码：

薪酬管理智能化

 本章重点

1. 了解薪酬管理智能化的内涵。
2. 了解薪酬管理智能化的意义。
3. 掌握智能账务系统中员工信息管理的操作流程。
4. 掌握智能账务系统中薪酬表维护的操作流程。

薪酬管理是企业中一个关键的人力资源管理模块,它涵盖了员工信息管理、薪酬表维护以及专项附加扣除等功能。通过薪酬管理系统,企业能够高效地管理员工的薪资、凭证生成以及个人所得税申报等流程。通过建立科学的薪酬制度和有效的薪酬管理,可以激发员工的工作动力,增强员工的归属感和忠诚度,提高工作效率和团队合作,进而推动企业的持续发展和竞争力的提升。同时,薪酬管理还能吸引和留住优秀人才,确保企业拥有高素质的员工队伍,为企业的长远发展奠定坚实基础。本章将介绍薪酬管理系统的两个核心模块:员工信息模块、薪酬表模块,并探讨它们带来的创新性解决方案。

8.1 员工信息模块

员工信息模块是薪酬管理系统中的基础。薪酬管理系统引入了批量导入功能,通过下载模板、填写数据并导入系统,大大提高了信息录入的效率和准确性。此外,一些薪酬管理系统还通过与其他人力资源系统的集成,实现了实时数据同步,确保员工信息的及时更新和共享。这种创新性的员工信息管理方式不仅节省了时间和人力成本,还减少了数据错误和重复劳动的风险。

功能概述

员工信息模块是薪酬管理系统中的一个关键功能，主要用于管理和维护企业的员工信息。通过该模块，企业能够集中管理员工的个人信息、受雇信息以及相关的投资类型，实现员工个税信息的报送和专项附加扣除信息的自动获取。以下是员工信息模块的详细功能概述。

1. 员工信息维护

员工信息模块允许企业财务人员对企业员工的个人信息进行维护。这包括新增员工信息、修改已有的员工信息以及删除员工信息。通过简单的界面操作，财务人员可以方便地录入员工的基本信息，如姓名、身份证号码、联系方式等，并确保数据的准确性和完整性。

2. 部门维护

员工信息模块还提供部门维护功能，使企业能够灵活管理不同部门的员工。财务人员可以在系统中新增、修改和删除部门，并为每个部门设置对应的薪酬发放和计提凭证所需的会计科目。这样，企业可以根据实际情况对部门进行个性化的设置，从而提高薪酬管理的精确性和灵活性。

3. 个税人员报送

在新增员工信息后，企业需要将相关员工的个税信息报送至相应的机构。员工信息模块提供了简便的操作界面，使财务人员能够轻松选择需要报送的个税人员，并通过点击"报送"按钮完成人员报送。这确保了员工个税信息的及时准确报送，为企业避免了违规和罚款的风险。

4. 批量新增和修改

对于员工数量较多的企业，员工信息模块支持批量新增和修改功能。财务人员可以下载员工信息的导入模板，并在模板中批量填写和维护员工信息。完成后，通过系统的导入功能，可以快速导入大量的员工信息，极大地提高了数据录入的效率和准确性。

操作步骤

员工信息模块突出了其在员工信息管理方面的重要性和实用性。通过智能化的数据管理和报送功能，企业能够更加高效地维护员工信息，并确保薪酬计算和个税申报的准确性。这将为企业节省时间和资源，并提升整体的薪酬管理效率。以下为具体操作步骤。

1. 部门信息维护

首先进入智能账务系统下的票据管理模块，再选择进入薪酬下面的"员工信息"模块，进入员工信息管理界面，点击左侧部门栏，对公司部门进行维护功能，包括新增、修改和删除部门，在部门设置页面中企业财务人员可自定义设置不同部门人员薪酬发放和计提时生成凭证所对应的会计科目（见图8-1）（注：建议生产型企业直接设置生产车间为部门下面的三级单位，为后期产品生产成本的核算和归集提供便利）。

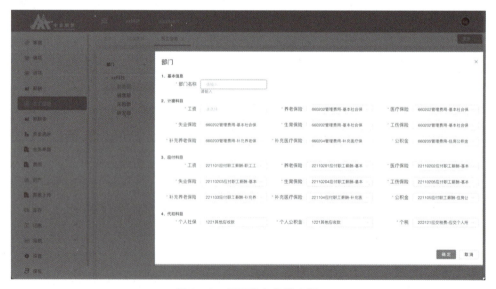

图8-1　部门信息维护步骤

2. 人员信息维护

进入系统员工信息管理界面，在右侧员工信息界面可以对企业的员工信息进行维护，包括企业员工信息的新增、修改和删除（见图8-2）。

图 8 - 2　人员信息维护界面

（1）直接新增（适合员工数量不多的小微企业，以及企业新增人员不多的情况）：点击员工信息管理界面右上角的"新增"按钮，在弹出的对话框中依次对员工的基本信息、受雇信息和投资类型（如有）进行设置，单击"保存"按钮完成对人员的新增（见图 8 - 3）。

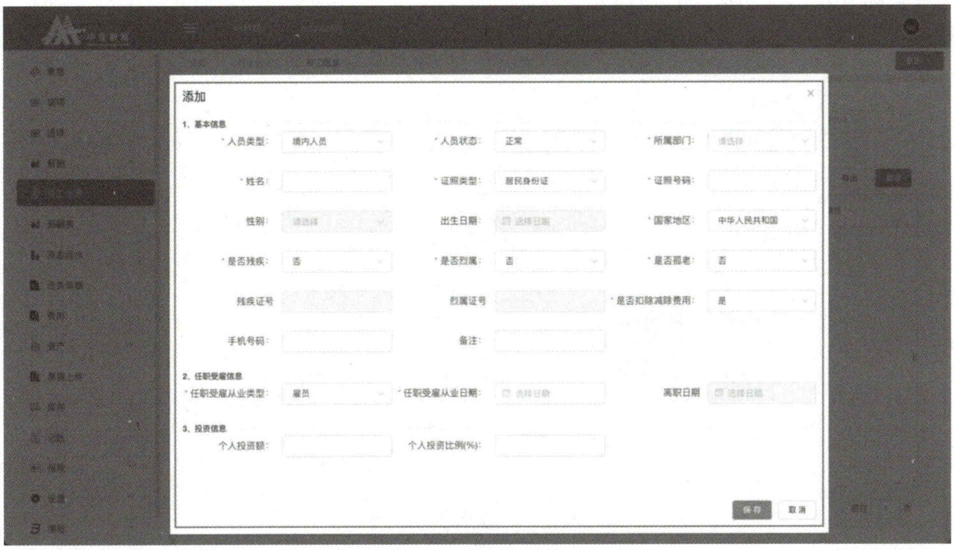

图 8 - 3　添加员工信息

（2）批量新增（适合员工数量大的大中型企业及企业集团）：点击员工信息管理界面右上角"导入"按钮的下拉箭头，点击"下载导入模板"按钮，下载导入员工信息的模板，在模板中完成人员信息维护后，保存该模板文件，并进入系统点击"导入"按钮，选择维护之后的模板文件，批量导入企业人员信息（见图8-4和图8-5）。

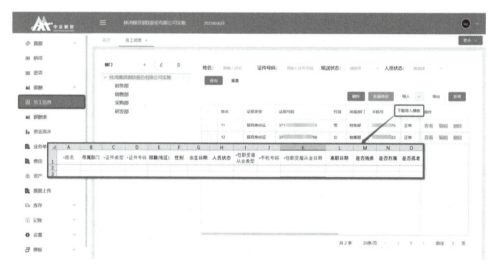

图8-4　员工信息模板下载

图8-5　批量导入员工信息

（3）查看和修改员工信息：在员工信息管理界面，在页面上方的搜索框通过姓名、身份证号码等信息查找对应的员工，点击员工信息对应的右侧的操作栏中的"查看""修改"按钮，可分别实现对单个员工信息的查看和修改（见图8-6）。

图8-6　直接修改员工信息

（4）批量修改：在员工信息管理界面，勾选需要修改的人员，点击右上角"批量修改"按钮，在弹窗内输入相关信息后保存即可修改人员信息（见图8-7）。

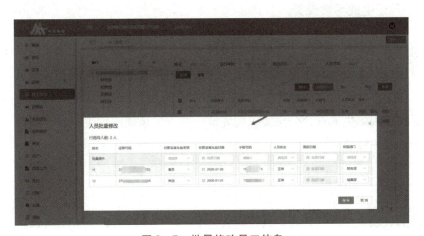

图8-7　批量修改员工信息

8.2 薪酬表模块

薪酬表模块是薪酬管理系统中的核心功能。薪酬管理系统引入了自动计算和生成凭证的功能，大大简化了薪酬表的维护流程。通过设定凭证生成习惯，系统能够根据规则自动生成凭证，减少了财务人员的手工操作，并提高了凭证的准确性和一致性。此外，一些薪酬管理系统还引入了数据分析和可视化功能，帮助企业深入了解薪酬结构和成本分布，从而优化人力资源策略和决策。

功能概述

薪酬表模块提供对所属月份员工薪酬合计及公司人力成本的查看和管理。该模块为企业财务人员提供了便捷的操作界面，可以自动生成薪酬相关的凭证和员工个税申报表。以下是薪酬表模块的详细功能概述。

1. 凭证生成习惯设置

薪酬表模块首先提供了凭证生成习惯设置功能，以满足企业的实际需求。财务人员可以根据公司的凭证管理规范，在系统中设置与薪酬发放相关的凭证生成习惯，包括会计科目、凭证类型、编号规则等。这样，在生成凭证时，系统会自动按照预设规则生成符合公司要求的凭证，减少了烦琐的手工操作，提高了凭证的准确性和一致性。

2. 人员薪酬维护

薪酬表模块允许财务人员进行人员薪酬的维护工作。财务人员可以进入人员薪酬编辑界面，添加或修改员工的薪酬信息。在该界面中，可以根据员工姓名、薪酬类型等进行搜索和筛选，方便快捷地进行薪酬数据的录入和修改。此外，系统还提供了批量修改和批量导入功能，使财务人员能够高效地处理大量的员工薪酬信息，提高了工作效率。

3. 薪酬数据重新计算

为了保证数据的准确性，薪酬表模块提供了薪酬数据重新计算功能。财务人员可以在修改人员薪酬数据后，通过重新计算功能，系统根据最新的数据进行薪酬计算和统计，以确保薪酬信息的准确性和一致性。此外，对于那些薪酬、部门和费用归集单位没有发生变动的员工，还可以通过复制上月数据的功能，快速复制并统计上月的薪酬信息，减少了重复工作的烦琐性。

4. 凭证生成和删除

薪酬表模块支持凭证的自动生成和删除功能。在薪酬表界面中，财务人员可以勾选需要生成凭证的员工并生成凭证，系统会根据预设的凭证生成习惯自动生成薪酬相关的凭证，大大简化了凭证的生成过程。同时，系统还提供了删除凭证的功能，以便在需要时撤销或更正凭证信息，保证财务处理的准确性和可追溯性。

操作步骤

薪酬表模块通过自动化的计算和凭证生成功能，企业能够快速准确地处理员工薪酬信息，并确保薪酬发放的合规性和准确性。这将极大地提高财务人员的工作效率，降低错误率，并为企业提供准确的薪酬数据支持和决策依据。以下为具体操作步骤。

1. 设置凭证生成习惯

首先要在薪酬表界面右上角下拉按钮中点击"凭证习惯设置"，根据页面内容逐项设置符合公司实际情况的关于薪酬发放的凭证的生成习惯，点击"保存"完成设置，不设置则使用默认的凭证生成习惯（见图 8 - 8）。

2. 人员薪酬维护

（1）点击操作栏下的"编辑"按钮，进入员工薪酬编辑界面（见图 8 - 9）（注：需要先在员工信息界面新增员工信息后才可选择。若没有相关员工信息，需要先到员工信息管理界面新增企业员工信息，之后再返回薪酬管理）。

图 8 - 8　薪酬计提凭证习惯设置

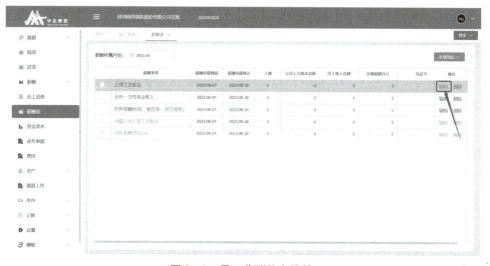

图 8 - 9　员工薪酬信息维护

（2）点击"添加"按钮，可以添加人员；勾选需要修改的人员信息，点击"修改"按钮，可以对人员薪酬信息进行修改（见图 8 - 10）。

（3）完成人员薪酬数据修改后，点击右侧"重新计算"按钮，重新计算人员薪酬数据信息（见图 8 - 11）。

图 8－10　员工薪酬添加示例

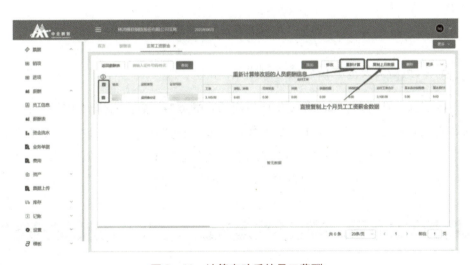

图 8－11　计算变动后的员工薪酬

（4）对于薪酬以及所在部门和费用归集单位没有发生变动的员工，选中相关员工姓名，点击页面右上角"复制上月数据"按钮，可以复制上月人员薪酬数据信息，完成对企业员工本月薪酬信息的统计［参考上述第（3）步骤］。

（5）员工薪酬信息批量导入：对于员工数量比较大的大中型企业及企业集团，下载人员信息模板，点击"模板导入"按钮，选择录入号的模板，可以批量导入人员信息（见图 8－12）。

（6）完成人员薪酬维护之后，点击左侧"返回薪酬表"按钮，返回到薪酬表界面；在薪酬表界面继续完成凭证的相关操作。

图 8 – 12　批量导入员工薪酬信息

3. 人员薪资发放凭证生成与删除

在薪酬表界面中，勾选需要生成凭证的薪酬类型，点击右侧"生成凭证"按钮右侧的下拉按钮，选择需要生成的凭证类型，系统会根据已经设置的个税生成习惯，生成企业财务人员选择的个税计提/发放凭证（注意：生成凭证需要在本系统进行申报）；也可以对生成的凭证进行删除（见图 8 – 13）。

图 8 – 13　人员薪资发放凭证生成与删除

4. 凭证查看

点击"凭证号"栏下的"凭证号",查看已经生成的凭证(见图 8 – 14)。

图 8 – 14 查看已生成的凭证

5. 个税申报表生成

点击右侧"生成个税申报表"按钮,生成个税申报表,申报表生成后可以在"一键申报"模块进行申报(系统会弹出"一键申报"的提示,点击"一键申报"即可直接跳转到申报页面)(见图 8 – 15)。

图 8 – 15 生成个税申报表

8.3 本章小结

本章主要介绍薪酬管理智能化的操作流程，薪酬管理系统中涵盖员工信息、薪酬表维护和专项附加扣除等功能，通过本章学习，可以帮助企业和财务人员高效管理员工薪资、凭证和个人所得税，制定科学的薪酬管理制度，提高工作效率和增强团队合作。

 思 考 题

1. 什么是薪酬管理智能化？
2. 为什么科学的薪酬制度和管理在企业发展中非常重要？

思考题要点及讨论请扫描以下二维码：

第 9 章

成本结转自动化

本章重点

1. 了解生产成本各内容的归集与分配方法。
2. 掌握智能账务系统中生产成本结转的操作流程。
3. 了解销售成本的结转方法。
4. 掌握智能账务系统中销售成本自动化结转的流程及其内在逻辑。

企业的一切经营活动都离不开"成本"二字。生产过程中需将发生的一切直接和间接费用分配至产品成本中；销售过程中需要将产品成本从库存商品转至主营业务成本，并在期末结转至本年利润；在日常管理活动中，预算编制、成本控制、定价决策等也都依赖于上述两个环节得到的数据，可见成本精确结转对于企业生产经营的重要作用。数字智能技术使成本结转精准化和实时化成为可能，同时也使成本核算工作实现了自动化和智能化，在很大程度上提升了企业的全要素生产率。本章将从生产和销售两个环节出发，探讨成本结转自动化的优势与必要性、具体流程与实际操作，为企业成本管理做好铺垫。

9.1 生产成本结转自动化

生产过程中的成本结转是将企业生产制造部门发生的各项成本费用分配到相应的成本对象（如产品、部门、项目等）上的过程。对于生产型企业而言，成本的归集与核算是重中之重，成本核算准确才能精准衡量该项产品所产生的实际利润，并通过成本归集判断不同生产环节业务目标的完成情况，由此来进行企业生产成本的管理。在传统模式下，会计人员进行成本结转时遵循"数据收集—原则设定—成本分配—凭证记录—成本结转"的大致流程，由会计人员收集相关费用发生的数据，选取成本法、分批法和分步法等成本分配方法，将生产成本在完工产品和在产品之间进行分配。尽管该项分类方法在会计行业内被广泛应用，但其复杂性使得传统成本会计核算相对复杂，且由于是人为将成本进行分摊，其准确性依旧略低于智能会计核算系统中的成本核算的结果，且难以对单个产品进行成本的归类核算，这对企业生产成本管理工作造成困扰。大数据、云计算等计算机技术支持的生产成本结转自动化流程可有效解决该问题。

功能概述

智能账务系统的使用简化了成本核算工作，其利用数字化信息技术收集实时数据，精准计算各分配单位消耗的直接费用，并按照设定的分配原则将制造费用等间接费用进行分配，使管理人员能够清晰地了解各产品、生产部门耗用的人工、物料等生产成本。同时，其对产品标准生产成本和实际生产成本之间的不同环节成本差异的对比分析可以为企业生产管理和成本管控部门提供借鉴，帮助其发现成本管控漏洞、完善成本管理计划、改善企业管理。此外，相关仓储信息和生产销售信息所产生的数据也对企业的生产和库存管理提供了一定的指导。本节将对生产过程中的成本自动结转流程和实操展开详细介绍。

智能账务系统中生产管理和出库管理等模块为生产成本核算提供了数据来源，在提前设置好成本对象和分配原则后，成本结转自动化系统就开始正式运作了，生产流程中成本结转模块具有以下功能。

1. 数据采集

自动化结转系统通过接口、数据导入或自动抓取等方式实现数据的自动采集，从各个数据源（如采购系统、工资系统、费用系统等）获取成本相关的数据。采集到的数据既包括可以直接与成本对象相关联的成本，如原材料、直接人工等，又包括需要通过适当的分配方法进行分配到各成本对象的成本，如间接材料、间接人工、设备折旧、厂房租金等。

2. 数据处理

自动化系统对采集到的成本数据进行预处理和清洗，确保数据的准确性和完整性，这包括数据验证、格式转换、异常处理等。

3. 自动化成本分配

基于设定的规则，自动化系统将成本按照预定的比例或规则进行自动分配。这可以是直接分配或间接分配，系统会根据设定的规则自动计算和执行成本分配。

4. 计算成本率

在完成直接成本和间接成本的收集和分配后，需要计算成本率。成本率是指单位成本对象所承担的成本金额，通常以每单位产品的成本或每单位生产部门的成本来表示，这将为管理人员提供最直接的数据。

5. 结转凭证自动生成

根据自动化成本分配的结果，系统自动生成相应的结转凭证，同时更新成本账户、成本中心或成本对象的相关账户。这些凭证包括相关的会计科目、借贷方向和金额等信息，凭证的生成也可以基于预设的模板和规则进行自动化处理。

6. 结转成本核算

自动化系统根据生成的结转凭证，将成本分配的结果自动反映在财务报表和成本核算中，系统能够自动生成相关的成本报表、成本分析和核算结果，为管理层提供准确的成本信息。

7. 自动化报告和分析

自动化系统能够生成各种成本报表和分析报告，以便管理层能够及时获取有关成本信息，并进行决策和管理，这包括产品成本报表、部门成本报表、项目成本报表等。

操作步骤

产品生产成本核算系统以支持多工厂、多组织、多会计政策灵活准确地核算产品成本为目标，通过与供应链、生产制造、应收应付、资产管理、总账等系统的无缝集成，为企业成本管理提供精确的成本分析数据（见图 9-1）。

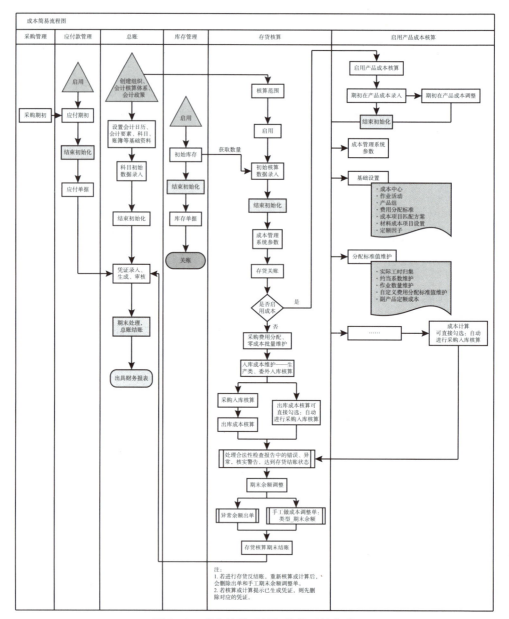

图 9-1   成本核算系统与其他系统集成

资料来源：金蝶官网的费用归集与分配。

在生产成本核算系统中，材料、人工等费用自动核算流程如图9-2所示。

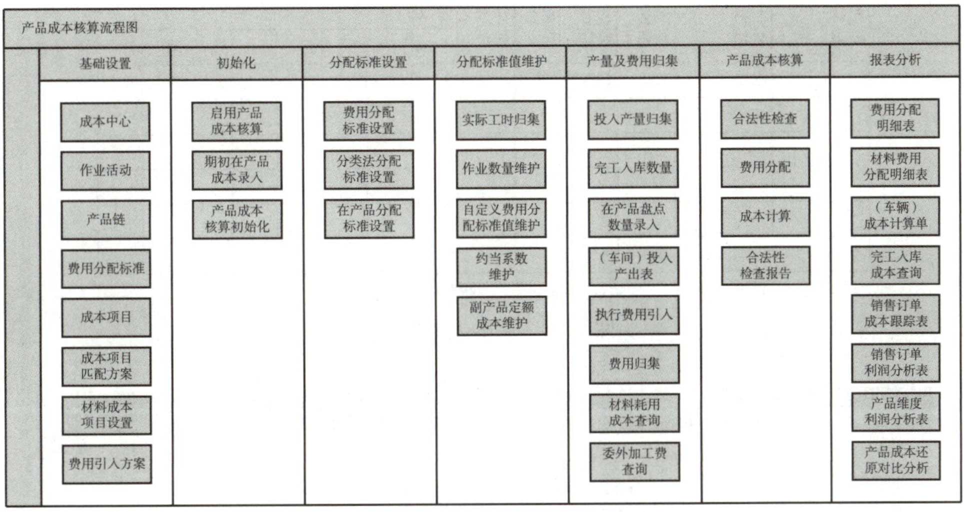

图 9 - 2　产品成本自动化核算流程

资料来源：金蝶云产品手册中的产品成本核算部分。

1. 直接材料

直接材料的自动核算关系其从入库至出库的全过程，成本核算系统能够与智能账务系统中采购管理模块、生产管理模块相关联，支撑实现成本对象所耗用的直接材料费用的自动结转。

（1）材料入库。

首先，原材料的入库核算依赖于智能账务系统中采购管理、入库管理模块和智能账务系统中进项票据模块的支持，针对每一次材料采购，成本核算系统都可以自动核实采购单、入库单（见图 9 - 3）以及收到的销售发票的数据，验证无误后生成一条入库记录，记录原材料的名称、型号、单位、数量、单价、总价等重要信息，放至出入库单明细表中。财务人员可以在"出入库单明细"界面上方选择类型为"采购入库"，从而查看所有采购入库单据（见图 9 - 4）。其次，选中目标入库单，点击界面上方"生成凭证"按钮，即可生成原材料入库凭证（见图 9 - 5）。

经济业务（8-2）   收料单

仓库名称：一库
供货单位：辉华公司厂   2019年12月6日   第   号

材料编码	材料名称	送验数量	实收数量	单位	计划单价	金额							
						十	万	千	百	十	元	角	分
	铝锭	100	100	吨		2	8	7	5	0	0	0	0
附件： 张			合 计			2	8	7	5	0	0	0	0

仓库主管   记账   复核   送验   验收：王   制单：李

图9-3   采购入库明细单

图9-4   采购入库单明细查看

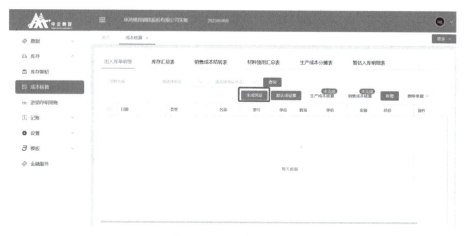

图9-5   入库凭证生成

　　根据会计准则的规定，在月末，对于已验收入库但发票尚未收到的购进商品，企业应当合理估计入库成本，根据这一预计暂估入账。对于需要手动录入的暂估入库的原材料，财务人员可在出入库单明细界面右上角点击"新增"按钮，在业务类别下拉菜单选择"暂估入库"，而后填写货品名称、计量单位、数量、单价、金额、备注等信息，点击"确定"，即可生成一张暂估入库单据（见图 9-6）。对于暂估入库材料记账凭证的生成，与上文所述采购入库材料生成记账凭证的操作一致。对于暂估往来科目的设置，财务人员可根据业务实质自行更改。具体而言，点击出入库单明细界面上方"默认项设置"按钮，选择默认的暂估会计科目，若系统中暂无需要的暂估往来科目，财务人员可以点击"添加科目"自行设置（见图 9-7）。此外，所有的暂估入库单据将汇总至暂估入库明细表中（见图 9-8），当存货实际入库时，财务人员可选定单据，点击暂估入库明细表右上方的"批量冲销"按钮，从而调整账务记录，使其与实际情况相符，并确保准确反映物品或商品的实际入库和成本。

　　（2）材料领用。

　　成本结转系统会自动抓取智能账务系统生产管理和出库管理模块的记录，而后对领料单和出库单等单据信息一一核实，查验无误后，针对每一次生产领料都将生成一条相应的出库单记录，将其放至智能账务系统中成本核算模块下的出入库单明细界面。财务人员可在单据类型处选择"领料出库"，查看所有的原材料出库

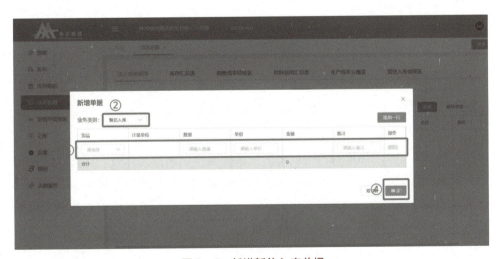

图 9-6　新增暂估入库单据

图9-7　暂估往来科目默认项设置

图9-8　暂估入库明细表

情况（见图9-9）。出库材料生成记账凭证的操作也同上文保持一致，若能确定为哪一种产品所耗用，可以将原材料直接结转至这一产品的生产成本中，若为几种产品所共同耗用的，则先计入生产成本一级科目，日后再根据设置的分配标准及方法进行分配（见图9-10和图9-11）。

经济业务　　（14-1）

领料单

领料部门：生产车间
领料用途：联轴器生产　　　　　2019年12月8日　　　　　　　第　号

材料编码	材料名称	单位	请领数量	实领数量	计划单价	金　额							
						十	万	千	百	十	元	角	分
	铝锭	吨	102.4	102.4		2	9	4	4	0	0	0	0
附件：			张	合计		2	9	4	4	0	0	0	0

仓库主管　　记账　　发料　　领料 刘二

图 9 - 9　领料出库明细单

图 9 - 10　领料出库单明细查看

图 9 - 11　直接材料成本归集

根据原材料出库单还可自动汇总生成材料领用汇总表，通过货物名称查询可以查看某种类货物领取的具体原材料（见图9-12）。

图 9-12　材料领用汇总

2. 直接人工

直接人工成本的自动分配可与薪酬管理板块相链接。对于采用计时工资制的车间，生产人员在工时管理系统中填报工时，根据实际工时统计记录、人员工资分类表等自动编制人工费用分配汇总表；对于采用计件工资制的生产车间，从生产系统中获取产量统计报告、个人（小组）产量记录，根据单位工资标准或计件工资标准，自动核算生产人工费用分配汇总表（见图9-13）。

图 9-13　直接人工成本归集

3. 制造费用

根据材料领用、设备维修等情况，汇总生成按项目分列的制造费用明细账，在月末根据预制的制造费用分配标准，自动编制制造费用分配汇总表，制造费用归集的具体流程如图 9 – 14 和图 9 – 15 所示。

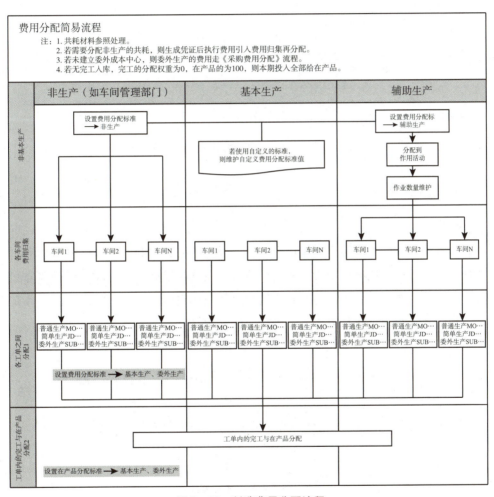

图 9 – 14　制造费用分配流程

资料来源：金蝶官网的费用归集与分配。

图 9 – 15   制造费用的归集

4. 成本计算

首先，在成本核算模块点击界面上方"生产成本核算"按钮，进入生产成本核算子系统，按照系统操作步骤指引，先选择与产品有关的所有进项票据和销项票据，而后选择制造流程中所需要的原材料，系统将根据设置的成本计算和分配方法，汇总生产该产品所需的所有直接费用和间接费用；其次，将成本在本月完工产品成本和月末半成品成本之间进行分配（见图 9 – 16）。

图 9 – 16   生产成本核算流程

根据材料领用汇总表、人工费用分配汇总表、制造费用分配汇总表等，系统可以自动计算得到生产成本分摊表（见图 9 – 17）。

图 9 - 17　生产成本分摊表

5. 成本结转

在精确分配各产品耗用的材料、人工及其他间接费用后，自动化系统将按照这一汇总成本对产成品入库，财务人员可在单据类型处选择"生产入库"进行查看。点击"生成凭证"，即可将产品成本从生产成本明细科目结转至库存商品科目（见图 9 - 18 和图 9 - 19）。

经济业务　　（26-2）

库存商品入库单

仓库：二仓库　　　2019年12月17日　　　　　　　　　第　　号

产品编码	产品名称	单位	入库数量	单位成本	金　　额							
					十	万	千	百	十	元	角	分
	钟型罩	吨	96	5974	5	7	3	5	0	4	0	0
附件：			张	合　　计	5	7	3	5	0	4	0	0

仓库主管　　记账　　验收 王五　　复核 李铁映

图 9 - 18　生产入库明细单

图 9－19   生产入库单明细查看

　　此外，在智能财务系统中，财务人员也可以查看已进行成本结转的各批次产品。具体而言，在智能财务系统的成本核算模块下找到生产成本核算功能，点击界面右上角"添加"，在跳出的窗口中，可以看到已经在成本分配程序的各项产品，点击"＞"展开，即可查看材料成本、人工成本和费用成本明细（见图 9－20 和图 9－21）。

图 9－20   生产成本结转系统

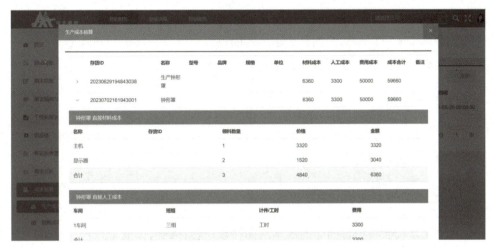

图 9 - 21　产品成本结转明细

9.2　销售成本结转自动化

销售过程中的成本结转是将与销售活动相关的成本从库存账户转移到销售成本账户的过程。当企业销售产品或提供服务时，与销售活动相关的成本需要从库存中扣除，并计入销售成本，其目的是将成本与实际的销售活动关联起来，确保销售收入能够覆盖相关的成本，从而提供准确的利润和成本信息，这对于企业的盈利分析、定价决策和业务管理非常重要。

在商品销售出库时，智能账务系统可以自动执行成本结转操作，将与商品出库相关的成本从库存账户转移到销售成本账户，同时自动生成会计分录和销售发票，这减少了手动处理的时间和错误的风险，提高了成本结转的效率和准确性。此外，智能账务系统还可以实时更新财务数据，确保财务数据的准确性和及时性，同时检测和处理与商品出库相关的异常情况，如库存不足、价格异常等，在发现异常情况时，财务机器人可以自动发送警示或触发相应的处理流程，提醒相关人员进行处理和调整。接下来本节将对销售过程中的成本自动化结转的流程和实际操作进行展开说明。

功能概述

传统模式下的销售商品成本结转流程需要较长的时间和人工操作，容易出现错误，并且数据的更新和报表生成不是实时的。因此，一些企业选择采用自动化账务处理系统来简化和加快销售成本结转的过程，以提高准确性和效率。具体而言，在销售过程中进行成本自动化结转具有以下功能。

1. 成本计算

在生产环节已归集产品生产成本的前提下，自动化系统会得到销售商品的实际发生成本，再乘以销售数量即得到某类产品的销售额。

2. 成本结转

自动化系统会将销售商品的成本从库存账户转移到销售成本账户，这可以通过相应的会计分录实现，将库存账户中的成本减少，同时增加销售成本账户的金额。

3. 发票生成

自动化系统可以根据销售订单和销售成本结转的数据，生成销售发票。发票中包括销售商品的详细信息、价格、税额等。

4. 更新财务数据和报表

自动化系统会自动更新与销售相关的财务数据，包括销售收入、销售成本、应收账款等，这确保了准确的财务报表和统计数据生成。

通过自动化结转成本的流程，企业能够实现快速、准确的成本结转操作，减少人为错误的风险，提高效率和数据准确性。同时，自动化系统还能提供实时的财务数据和报告，支持管理层作出及时的决策和分析。

操作步骤

产品在销售过程中的成本自动结转可追溯至发生交易时，通过调用销售单据，继而选定存货计价方法，计算销售成本并进行结转。

1. 销售单据录入

在智能账务系统中，在右侧菜单栏中找到供应链模块，在下拉菜单中找到销售管理。在销售管理页面右上角点击"新增"按钮，在弹出的添加销售单据窗口中录入销售单的相关信息。其中，销售单的单据号、创建人和创建时间均由系统自动生成，单据号系统依顺序自动生成，创建人系统默认为登录的账号，创建时间为录入单据的时间。

销售人员需要进行的操作是填写客户名称和交易备注，同时点击"新增"按钮，即会新增一行用于添加销售的存货相关信息，要注意的是，存货名称无法手工录入，只能从存货管理板块已存有的信息中选取，销售人员可点击存货信息栏目下"存货"字样下方方框中"请选择"字样右侧的放大镜"**Q**"，跳转至存货添加的相关界面（见图 9 – 22），从中选择销售货物的信息。在存货添加的相关界面中，相关产品种类较少的企业可以直接选择对应的产品和批号，如果企业的产品种类较多，可以先按照产品大类进行筛选，或者直接在搜索框中按照产品名称和型号进行筛选。在找到需要添加的存货后，直接单击该存货条目，就可以完成销售单中存货名称的添加，跳转至图 9 – 23 所示的新增销售单界面。在存货信息栏目中继续添加销售产品的数量、单价，金额将由系统自动计算生成。接下来按照此步骤在一个销售单下添加多个不同类型的产品，全部添加完毕后系统自动汇总计算本次业务的总销售数量和总销售金额。确认无误后，点击右下角的保存按钮，完成销售单的录入。

图 9 – 22 销售存货搜索界面

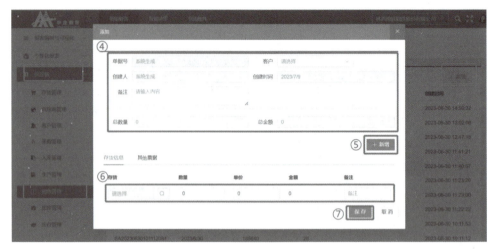

图 9 – 23　新增销售单

2. 销售产品出库

当销售商品出库时，仓储人员可在智能账务系统右侧菜单栏中的销售管理模块中，点击界面右上角"新增"按钮，在弹出的窗口中添加出库商品的信息。首先，选择对手方客户；其次，选择出库商品的具体信息，包括名称和数量，点击"保存"后，系统将自动生成连续编号的出库单（见图 9 – 24 和图 9 – 25）。

图 9 – 24　新增销售出库单

图 9 – 25　出库存货搜索界面

3. 销售发票开具

销售商品时，财务人员应开具销售发票，销售发票包含数量、金额、总价、税款等信息，财务人员可在销项票据界面右上角点击"新增"，即可自动跳转至开票系统，进行增值税发票开具。在满足销售收入确认条件时，选中销售发票，点击"生成凭证"，即可确认销售收入（见图 9 – 26 和图 9 – 27）。

图 9 – 26　开具销售发票

经济业务　（30-1）

山东省增值税专用发票
记账联
2019年12月21日

43000654785

No 0098502

购货单位	名　　称：益民厂 纳税人识别号：888888888888888 地址、电话：重庆市 1235487 开户行及账号：中国银行54548784564	密码区	

货物或应税劳务名称 联轴器	计量单位 吨	数量 50	单价 6424	金　　额 321200.00	税率 13%	税　额 41756.00

价税合计（大写）	（小写）￥362956.00					

销货单位	名　　称：山东大为铸造股份有限公司 纳税人识别号：510103721146012 地址、电话：莱芜经济开发区凤凰路28号6220078 开户行及账号：农行花园路支行、51001856500	备注	

图 9 - 27　销售发票示例

4. 销售成本核算

系统会自动获取上述第2步销售产品出库中生成的出库单据，针对每一张销售出库单，系统还将核实与之相关联的销售单、销售发票等原始凭证，并在满足收入确认条件时进行产品成本结转，具体的成本结转过程如下所示。

（1）在成本核算板块下各个界面均可点击"销售成本核算"按钮（见图 9 - 28），进入销售成本核算子系统。

图 9 - 28　进入销售成本核算系统

（2）系统已默认通过月末一次加权平均法计算存货成本，若需修改，点击界面左上角的蓝色按钮，打开销售核算方法界面，系统内置月末一次加权平均法、移动加权平均法和按比例结转成本这三种存货计价方法，企业可根据自身需要进行选择（见图9－29）。

图 9－29　选择存货计价方法

（3）在设置好存货计价方法后，通过选择销项发票和相应商品的成本核算结果，点击"生成出入库单"按钮（见图9－30），即可生成出库单并放至"出入库单明细"界面。

图 9－30　生成出入库单

（4）在出入库单明细界面，若需手动添加销售出库单（见图9-31），可点击界面右上方"新增"按钮，在新增单据窗口业务类别处，选择"销售出库"，填写货品信息，确认无误后点击"确定"，即可手动录入销售出库信息（见图9-32）。

经济业务（30-2）

库存商品出库单

购货单位：益民厂　　　　　　　2019年12月21日　　　　　　　　第　　号

产品 编码	产品 名称	单位	销售数量	单位 成本	金　额							
					十	万	千	百	十	元	角	分
	联轴器	吨	50	5104.8	2	5	5	2	4	0	0	0
附件：			张	合　计	2	5	5	2	4	0	0	0

仓库主管　　记账 李三　　发货 罗列　　复核

图9-31　销售出库单明细

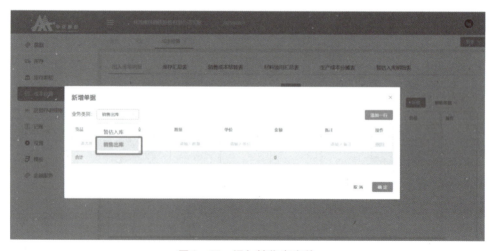

图9-32　添加销售出库单

（5）财务人员可以在单据类型下拉菜单中，选择销售出库，查看所有的销售出库单。出库单信息中即包含数量和成本等信息，勾选尚未生成凭证的出库单据，选择生成凭证，即可将产品成本自库存商品科目转至主营业务成本科目（见图9-33）。

图 9 - 33　生成销售出库凭证

（6）根据销售数据和成本信息，系统还将自动生成销售成本结转表（见图 9 - 34），使企业管理层能清晰了解销售成本信息，有助于评估销售活动的经济效益，并为制定销售策略和预测盈利能力提供依据。

图 9 - 34　销售成本结转表

此外，在智能财务系统的成本核算模块下找到销售成本核算功能，点击界面右上角"添加"，在跳出窗口中，可以看到各个销售商品的数量、金额和成本，选定后点击"确定"，即可在月末进行将收入及成本结转至损益表中（见图 9 - 35 和图 9 - 36）。

图 9 – 35   销售成本核算系统

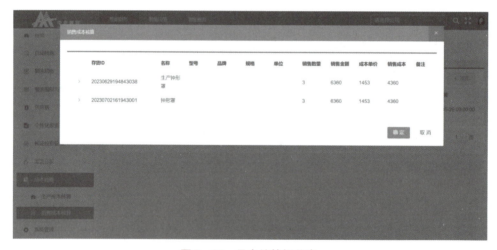

图 9 – 36   月末结转损益表

此外，根据出入库明细数据，系统还自行生成库存汇总表（见图 9 – 37），展示期初库存、本期入库、暂估入库与暂估冲回、本期出库和期末库存情况，帮助企业进行成本控制，避免资金占用过多的现象，同时通过及时更新库存信息，记录和跟踪库存中的所有产品或物料的数量，帮助企业实时了解库存的情况，避免出现缺货或过量库存的问题。

图 9-37　库存汇总表

9.3　本章小结

　　在智能账务系统中，事先设定成本分配的规则和算法，在对从各个业务系统和数据源中采集到的成本数据进行预处理后，系统将自动执行成本结转的过程，从而提高财务处理的效率和准确性，减少手工操作的时间和错误风险，同时增强财务数据的及时性和可靠性。本章从生产成本结转自动化和销售成本结转自动化两部分内容出发，详细讲解智能账务系统中成本自动化结转的处理步骤。通过本章的学习，学生需要掌握生产过程和销售过程中成本自动化结转的逻辑和操作，引领其通过成本分析发现企业成本的管控漏洞，完善成本管理计划，改善企业管理活动。

思考题

　　1. 生产成本自动化结转的系统流程是什么？

　　2. 通过对销售成本自动化结转操作的学习，你认为还有哪些流程可以优化？

思考题要点及讨论请扫描以下二维码：

第10章

账务处理自动化

  本章重点

1. 掌握智能账务系统中记账操作流程。
2. 掌握智能账务系统中登账操作逻辑。
3. 掌握智能账务系统中结账操作流程。

广义的账务处理包含了从审核原始凭证、编制记账凭证，通过对账、结账等一系列会计处理，到编制输出会计报表的整个过程。传统的公司财务体系中也按照不同的账务处理环节设置了出纳、成本会计、税务会计、总账会计等不同的岗位，不同岗位的财务人员各司其职，才能保证企业财务系统稳定有序地运转。而在智能账务系统下，企业的账务处理依据其与业务的紧密性，被划分到了不同的部分，大多数财务数据直接与业务流程对接，自动化完成记账、登账、结账等环节。

账务处理自动化能够帮助企业财务会计人员从烦琐复杂的记账、对账等会计工作中解放出来，将更多的精力投入为企业管理服务当中去，挖掘财务数据资产的价值，企业"业财税管"融合程度进一步加深。同时，智能账务系统的使用也使企业记账要经过财务系统和财务人员的双重审核，提高了会计记录的准确性。

10.1 记账自动化

记账是会计核算的基础环节之一，通过记录和分类不同的交易和业务，形成会计凭证和相应的会计分录。在传统模式下，手工编制记账凭证存在时间成本高、错误率高、数据安全性差、实时性和准确性差等缺陷。通过运用计算机技术，可实现自动化编制凭证，从而提供更准确、可靠的财务信息，为企业的财务管理和决策提供更好的支持。因此，为了提高效率、减少错误和强化内部控制，越来越多的企业倾向于采用自动化记账系统，以取代或辅助传统的手工记账方法。

功能概述

记账自动化流程极大地减轻了财务人员的工作：扫描传感设备的应用能够自动识别和录入业务系统传来的发票等原始凭证，减轻财务人员录入发票的负担；自动根据原始凭证内容，查找对应的会计科目，生成记账凭证，并通过比对来保证会计记录的准确性；同时每月月末自动进行对账和结账，生成会计报表。企业财务人员只需将系统发送的记账凭证作进一步的审核比对，并签字盖章。

对于一些特定的业务，自动化记账系统可以从不同的数据源中采集财务交易数据，如销售系统、采购系统、银行系统等，自动获取的数据减少了手动录入的工作量和错误。接下来，自动化记账系统按照事先设定的规则和准则，根据交易的属性，自动确定借贷方向和金额，实现准确的分类和归档，然后自动生成会计分录并进行记账，实现快速、准确的记账过程。

1. 扫描和数据提取

自动化记账系统能够利用光学字符识别（OCR）技术和其他自然语言处理算法，扫描电子或纸质账单、发票和其他财务文件，然后从这些文档中提取必要的信息，如日期、金额、供应商、客户等。

2. 数据验证与校对

在自动提取数据后，系统会对数据进行验证和校对。例如，对比采购单、发票和验收单的货物数量及金额是否一致，确保数据的准确性和完整性，这有助于避免错误的数据录入。

3. 自动分类和归档

根据预设的规则或学习算法，系统能够自动将财务数据分类并归档到适当的会计科目或账户中，生成记账凭证以记录该笔交易。

4. 智能匹配与对账

对于支付和收款的业务，自动化记账系统可以自动匹配银行资金流水数据，进行对账操作，以确保账户余额的准确性。

5. 异常处理与提醒

自动化记账系统能够实时更新财务数据并同步到企业的会计软件或系统中，从而保证财务数据的及时性。系统还能够检测到潜在的异常情况，如重复发票、无效发票等，并提供警示或通知，使财务人员能够及时处理问题。

总之，自动化记账系统录入的财务数据可以为生成各种财务报表打好基础，如损益表、资产负债表等，方便企业进行财务分析和决策。此外，自动化记账系统通常能够存储历史财务数据，并提供方便的查询和追溯功能，方便财务报表的比较和分析。

操作步骤

记账是会计中的一项重要任务，内容较为简单但重复性很高。财务人员需要收集所有与企业或个人财务交易相关的凭证，如发票、收据、支票、银行对账单等，对每个财务交易，根据会计准则和原则，制定相应的会计分录。在自动化记账系统中，可以实现自动抓取原始凭证信息并生成记账凭证，但仍有些操作需要人工协助完成，接下来的内容将着重介绍中企数智软件中，人工完成记账任务时涉及的部分系统功能及操作。

1. 新增凭证

原始凭证提供了交易的详细信息，而记账凭证是将原始凭证的信息进行加工、分类和记录的手段，起着连接原始凭证和会计账簿之间的桥梁作用。会计人员根据原始凭证的内容，将每笔交易的影响记录到记账凭证中，将业务数据转换为财务数据，以便更好地为企业生产经营活动服务，同时将原始凭证作为附件上传，保证在凭证内容出现差错时能及时溯源和修正。

（1）填制凭证。

首先，在智能账务系统的记账模块下选择凭证处理功能，点击右侧"新增凭证"按钮（见图 10－1），进入填制凭证页面，系统会自动抓取填制日期，并对记账凭证连续编号，无须进行额外的手工操作。财务人员可根据业务需要选择手工录入或使用已有的凭证模板（凭证模板的具体使用方法将在下一操作步骤进行详细介绍），来填充摘要及会计科目部分。另外，财务人员可以勾选凭证右上方的"自动找平"功能，以减少填写中出现的借贷双方金额不一致等问题，在降低出错概率的同时减轻检查工作（见图 10-2）。

图 10-1　新增记账凭证

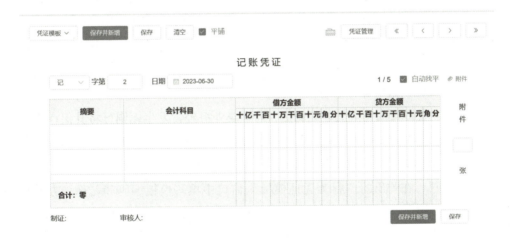

图 10-2　填制记账凭证

（2）添加附件。

首先，财务人员应在凭证右侧填写附件张数；其次，点击右上角的"附件"按钮，点击"添加"，并在文件中选择要添加的附件（注意：附件只能为图片或PDF 格式，且文件应小于 2MB），点击"打开"，即可完成凭证附件的添加。在保存凭证后，仍可以新增和修改本凭证已经添加的附件（见图 10-3）。

图 10 - 3　凭证附件的添加查看和修改

2. 凭证模板

对于生产经营情况稳定的企业而言，往往会产生大量相同或者相似的会计记录，如制造企业销售商品时，借记主营业务收入，贷记库存商品明细科目。为方便会计人员操作，在记账模块中可自定义设置、使用、修改凭证模板，从而大幅减少工作量。

（1）凭证模板的保存。

在填制凭证页面完成凭证编辑后，若该类业务经常发生，则可将其保存为模板，在企业出现同类型业务时，财务人员可以直接将凭证模板调出来使用，极大地减少了凭证填写的工作量。具体而言，点击左上角"凭证模板"按钮，点击"存为模板"，在弹出的"存为凭证模板"窗口中填写模板编码和名称，方便日后搜索和使用，点击"保存"即可将当前凭证存为凭证填写模板（见图 10 - 4 和图 10 - 5）。

（2）凭证模板的查看。

在填制凭证页面，点击凭证左上角凭证模板右侧的下拉按钮，选择"凭证模板"选项，打开凭证模板对话框，查看系统目前保存的凭证模板。当系统中所存储的模板较多时，财务人员可以在"Q"中输入所需要模板的关键字，点击"Q"，对现有模板进行检索（见图 10 - 6 和图 10 - 7）。

图 10 – 4　凭证模板填写与保存

图 10 – 5　存为凭证模板

图 10 – 6　调取凭证模板

图 10 - 7　查看凭证模板

（3）凭证模板的使用。

在凭证模板界面，企业财务人员可以通过滑动右侧滚动条选择需要的凭证填写模板，选中模板之后，单击"使用凭证模板"按钮，系统自动将模板中对应的摘要和会计科目按照模板填制顺序填充到凭证里。另外，财务人员也可在填制凭证页面中，点击摘要下面的空白格，直接选择需要的模板进行填充（见图 10 - 8和图 10 - 9）。

图 10 - 8　凭证模板选择与使用

图 10-9 摘要栏直接选择凭证模板

（4）凭证模板的修改。

在凭证模板对话框，选择需要修改的凭证模板，并单击其右上方的编辑按钮，启动"修改凭证模板"对话框，企业财务人员在该界面可以对模板的名称、模板中的摘要、会计科目进行修改，还可以新增科目，或删除原有的科目，完成后单击"保存模板"按钮，即实现对模板的修改（见图 10-10）。

图 10-10 凭证模板的修改

（5）凭证模板的删除。

在凭证模板对话框，选择需要修改的凭证模板，并单击其右上方的"×"按钮，在弹出的对话框中选择"确定"按钮即可删除该凭证模板（见图10-11）。

图10-11 删除凭证模板

3. 凭证的修改与删除

在财务会计中，凭证的修改和删除都是非常敏感且谨慎的操作，因为这些操作可能会对财务数据的准确性和完整性产生重大影响。一般情况下，应该避免频繁修改和删除凭证，而是优先确保录入的数据准确无误。当发现凭证录入有错误或需要进行调整时，或者是在确保删除的凭证是错误的或重复录入的情况下，可以进行修改或删除操作。在修改或删除凭证时，务必确保有适当的授权和审批程序，记录修改或删除原因，并保留相关的纸质或电子记录以便审计和核实。

（1）凭证修改。

进入凭证查看界面，在需要进行修改的凭证的右侧操作栏中，点击蓝色"修改"字样，即可进入凭证填写界面，对现有凭证进行修改（见图10-12）。

（2）凭证删除。

进入凭证查看界面，对于单张凭证，直接点击凭证右侧的"删除"按钮，在弹出的提示对话框中单击确定，即可删除。对于多张凭证，勾选所有需要删除的凭证，点击右上角"批量删除"按钮，在弹出的提示对话框中单击确定，即可批量删除凭证（见图10-13）（注：删除的凭证被放置在凭证回收站中）。

图 10 – 12　修改凭证

图 10 – 13　删除凭证

4. 凭证处理

在记账模块中，还设置了一系列辅助操作以缩减会计人员用于记账的工作时间。例如，会计人员可以根据需要选择重要凭证打印，将纸质记录保存留档；凭证复制的功能适用于一些会计周期内发生类似交易的情况，通过复制已有凭证的信息，并在稍做修改后创建一个新的凭证，可以减少重复录入相似信息的工作量；当原凭证中存在错误且无法通过其他调整方式纠正时，可以一键创建与原凭证相反的凭证，以抵消原凭证的影响；导入和导出凭证则使用户能够更方便地进行数据迁移、数据备份和与其他系统的数据交互。

（1）凭证打印。

在凭证查看界面勾选需要打印的凭证，点击右侧"更多"按钮，在下拉界面点击"打印"，在弹出的打印界面，选定合适的纸张、字号、边距和打印选项，单击确定即可打印凭证（见图 10 - 14）。

图 10 - 14　凭证的打印步骤

（2）凭证复制。

在凭证查看界面勾选需要复制的凭证，点击右侧"更多"按钮，在下拉界面点击"复制凭证"，在弹出的窗口中选择复制凭证的会计期间，单击确定后即可将凭证复制到选定的会计期间中（见图 10 - 15）。

图 10 - 15　凭证复制

（3）凭证红冲。

在凭证查看界面勾选需要红冲的凭证，点击右侧"更多"按钮，在下拉界面点击"红冲"，然后在弹出窗口中选择红冲期间，即可实现凭证红冲（见图 10 - 16）。

图 10 - 16　凭证红冲

（4）导出凭证。

在凭证查看界面展开右侧"更多"按钮，点击"导出凭证"，即可将系统中的记账凭证导出为 Excel 模式（见图 10 - 17）。

图 10 - 17　导出凭证

（5）导入凭证。

在"更多"下拉页面点击"导入凭证"，首先下载系统内置的凭证模板（注意：下载模板前，要先维护好当前账套的科目数据、辅助核算项目数据、币别数据），并严格按照相应的格式在 Excel 表中填写并保存凭证信息，在凭证导入对话框中点击"导入"按钮，选择填写完成的凭证模板，完成凭证的导入操作（见图 10 – 18 和图 10 – 19）。

（注：只有严格按照模板的格式要求填写，凭证信息才能正常导入。）

图 10 – 18　导入凭证

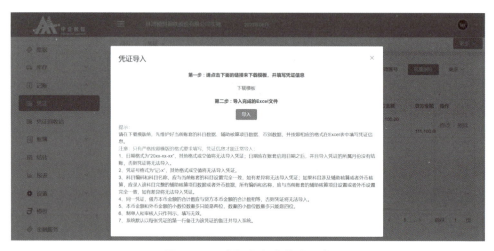

图 10 – 19　凭证导入步骤及要求

5. 断号整理

点击凭证查看界面右上角"整理断号"按钮，在弹出窗口中选择需要整理断号的月份，再选择是按凭证号整理或是序时整理，选定后单击"整理"按钮，即可实现凭证的断号整理（见图 10－20）。

图 10－20　凭证的断号整理

6. 凭证回收站

在左侧菜单记账模块下点击"凭证回收站"，勾选需要还原或是彻底删除的凭证，若要还原选定的凭证，则点击右侧"还原"；若要删除凭证回收站中选定的凭证，则点击右上角"批量删除"按钮；若要将回收站中的凭证全部删除，则点击右上角"清空回收站"按钮（见图 10－21）。

图 10－21　凭证回收站

10.2　登账自动化

自动化登账是指利用计算机和相关技术，将凭证中所包含的财务信息自动登入会计账簿中的过程。自动化登账可以提高财务数据的准确性和一致性，减少人工错误和延迟，并加快财务处理的速度。最重要的是，登账自动化的实现使烦琐的人工录入不再有必要，同时也简化了对账流程，使会计人员能够更专注于财务分析、报告和战略性的任务，工作效率得到大幅提高。

功能概述

自动化登账的最终目的是实现财务数据的集中管理和整理，确保财务信息的准确性和一致性。利用智能账务系统进行自动登记可以大大提高记账的效率和准确性，系统能够快速而准确地识别和处理大量的凭证信息，避免了手工录入和处理的烦琐过程。同时，智能账务系统还具备自动计算、校验和报表生成等功能，使财务数据的处理更加便捷和可靠。

1. 数据提取

智能账务系统利用自然语言处理和数据提取技术，对记账凭证中的文字信息进行分析和提取，自动识别交易日期、金额、摘要、会计科目等关键信息。

2. 登记账簿

根据借贷方向和金额等规则，自动化登账系统将分录信息录入会计账簿中，如总分类账、明细账、日记账等。

3. 余额计算

系统自动计算和更新会计科目的余额或者发生额，通过对借方和贷方的累计计算，确保账户余额的准确性和一致性。这样，财务交易的信息就会被准确地记录到账簿中，为后续的财务报表编制和分析提供了基础数据。

4. 账簿调整

在需要的情况下，自动化登账系统可以进行会计调整，如处理尚未完成的交易、处理汇率差异等。

操作步骤

在智能账务系统记账模块下的账簿处理功能中，分别有总账、明细账、科目余额表、凭证汇总表、核算项目明细账、核算项目余额表六个子项目，智能账务系统可以根据记账凭证的填写和日常的账务处理记录，自动化生成相应的账簿，企业财务人员可以在对应的子项目下查看公司的账务处理情况，以及进行导出和打印等处理。

1. 明细账

明细账的形成是对特定会计科目的交易进行详细记录和追踪的过程。随着特定会计科目的交易发生，智能账务系统自动记录相应的明细交易并更新账户余额。相较于会计凭证，明细账提供了更详细、具体和直观的交易信息，帮助财务人员了解和跟踪特定会计科目的变动和活动，以便于进行更精细的财务分析、核对和审计工作。

（1）登账流程。

在财务人员编制好记账凭证并保存后，系统将自动识别凭证中所有的会计科目，将每一会计科目对应的借贷方向和金额填入对应的明细账中，同时也在明细账中标记凭证编号及登账时间，完成这一过程后，系统将根据会计期间自动汇总计算本期发生额及期末余额，形成一张完善的明细表，同时不断更新数据，保证账簿的时效性和准确性。另外，企业可以根据自身需要设置多级会计科目，从而形成多级明细账，智能账务系统将根据业务实质将数据精准填充到每一级分类账中。

（2）账簿阅览。

①账目切换。

在记账模块找到账簿选项，在下拉菜单中选择"明细账"。在右侧"快速切换"栏目下滑动鼠标选择想要查看的具体明细账，或在搜索框中输入科目名称进行快速定位。

②项目查看。

在明细账界面左上角设置好需要查询的起始期间（以 2023 年 6 月为例）。具体账簿情况如图 10-22 所示，整体来看，明细账簿由四部分构成，包括期初余额、本期发生、本期合计及本年合计。其中，期初余额为该会计科目明细账上期本年累计余额；本期发生的相关信息由记账凭证自动登入生成，包括日期、凭证字号、摘要、借方、贷方及方向；本期合计为本期发生的汇总；本年累计由上期末本年累计数与本期合计数加总得到。

图 10 – 22　公司明细账

2. 总账

总账的形成是一个持续的过程，随着每笔财务交易的发生，智能账务系统会根据交易的性质和影响，记录相应的分录并更新明细账余额，继而将这一余额更新至总账中。这样，总账逐渐形成并累积了企业的全部会计信息，提供了全面的财务记录和概览。

（1）登账流程。

在形成明细账后，财务系统将相关数据填至总账中，这些数据包括：发生额（包含期初余额、本期合计及本年累计）、余额及借贷方向，并同明细账一起进行实时更新。

（2）账簿阅览。

总账包含了企业设置的全部一级会计账户，其基本格式如图 10 – 23 所示，包含科目编码、科目名称、期间、摘要、借贷方金额及借贷方向、余额这几项信息。其中，各个账户期初余额、本期合计与本年累计的发生额、方向与余额均取自对应的明细账。

图 10 - 23　公司总账

为使财务人员更加直观地观察特定账户在某一会计期间内的发生额和余额情况，本系统提供了筛选功能，财务人员可根据实际需要选择起始和结束科目，并自主选择科目级别（见图 10 - 24）。

图 10 - 24　会计科目筛选

3. 科目余额表

科目余额表用于显示每个会计科目在特定会计期间内的期初余额、借方发生额、贷方发生额和期末余额。它提供了会计科目的详细余额信息，帮助财务人员了解和分析企业的资产、负债、所有者权益、收入和费用等方面的情况，有助于分析和评估企业的财务状况和业绩。

（1）登账流程。

科目余额表的编制依赖于总账和明细账的数据。通过汇总总账和明细账的交易数据，智能账务系统可以计算出每个会计科目在特定会计期间内的期初余额、借方发生额、贷方发生额和期末余额，并将这些数据填入科目余额表中。

（2）账簿阅览。

科目余额表的结构如图 10－25 所示，包括以下几列：科目编码和名称：列出各个会计科目的编码或名称，用于标识每个科目；期初余额：显示会计期间开始时每个会计科目的余额及方向；本期发生额：表示在会计期间内该会计科目的交易在借贷方向分别发生的金额总计；期末余额：显示会计期间结束时每个会计科目的余额。

图 10－25　公司科目余额表

科目余额表的一大特点是无论对于期初余额、本期发生额还是期末余额，其借贷方合计数永远都保持一致。由于在前述步骤记账凭证的编制中，借贷双方金额不一致时无法结平，因此由智能账务系统实现的登账一定能保证科目余额表中借贷方金额的一致。

4. 凭证汇总表

凭证汇总表是用于对一段时间内的凭证进行分类、汇总和总结的账簿，它记录了特定会计期间内所有凭证的摘要信息和金额，以及按照会计科目分类的汇总数额。凭证汇总表能够提供一个关于会计期间内的主要交易和会计科目的变动概览，帮助财务人员和管理者了解特定会计期间内的财务交易情况和会计科目的发生额，并为后续的财务分析和报告提供依据（见图 10 – 26）。

图 10 – 26　公司凭证汇总表

（1）登账流程。

在传统模式下，出于工作效率的考虑，凭证汇总表的编制通常是在会计期间结束后进行的，但是智能账务系统中能够实现对所有凭证进行实时归类和总结，汇总出各个会计科目的发生额，并将其记录到凭证汇总表上。

（2）账簿阅览。

凭证汇总表的内容较为简洁，根据会计科目归集借贷方数据，在本系统中仅设置了科目编码、科目名称及借贷方金额三部分。

5. 核算项目明细账

核算项目明细账是会计中用于详细记录特定核算项目的账簿。核算项目可以是企业内部的不同部门、产品线、项目、地区等，以便更细致地追踪和管理企业的经济活动，帮助企业了解不同核算项目的财务状况、经营情况和盈利能力，为决策提供重要的数据支持。通过核算项目明细账，企业可以更好地管理和控制各个核算项目，优化资源配置，提高经营效益。

在智能账务处理系统中，核算项目明细账的登账流程及账簿格式如图 10 – 27 所示。

在系统左侧菜单列账簿模块下点击"核算项目明细账"，进入界面后，在左上角"辅助类别"下拉菜单中选择需要核算的项目，如往来单位、库存商品等，根据特定的核算项目，系统将生成各会计科目明细账，财务人员可在右侧"快速切换"栏目中选择需要查询的明细账。

明细账会根据记账凭证自动记录每个核算项目相关的具体交易明细，包括交易的日期、摘要、金额等信息。同时，明细账还会计算每个核算项目的发生额和余额，通过对借方和贷方金额的累计计算，可以得出核算项目的期初余额、期末余额和发生额。

图 10 – 27　核算项目明细账

6. 核算项目余额表

核算项目余额表以核算项目为分类维度，将相关的会计科目按照核算项目进行汇总和归纳，用于展示特定核算项目的期初余额、期末余额和发生额等关键信息，提供了对核算项目财务状况和经营情况的总览。

在智能账务处理系统中，核算项目余额表的登账流程和账簿格式如图 10 – 28 所示。

在系统左侧菜单列账簿模块下点击"核算项目余额表"，进入界面后，在左上角"辅助类别"下拉菜单中选择需要核算的项目，如往来单位、库存商品等，根据特定的核算项目，系统将依据核算项目明细账生成核算项目余额表。核算项目余额表包括名称、科目名称、科目编码、期初余额、本期发生额和期末余额等信息，通过比较期初余额和期末余额，可以揭示核算项目的收入和支出情况，帮助企业评估核算项目的盈利能力和经营效果。

图 10 – 28　核算项目余额表

10.3　结账自动化

结账是会计周期结束时进行的一项重要工作，包括总账和明细账的结转、制作财务报表、计算损益、计提税费等。在传统模式下，在进行结账之前，财务人员需要检查所有会计凭证和账簿的录入情况，确保财务数据的准确性和完整性，这往往要耗费大量的时间和精力。但自动化结账能够大大减少手工操作和人为干预，避免了结账过程中烦琐和容易出错的环节。同时，自动化结账还能够提供更及时和准确的财务报表和数据，为企业的决策和管理提供更好的支持。

▌功能概述

利用自动化账务系统，可以实现自动进行总账和明细账的结转和调整。另外，智能账务系统会根据财务数据和会计政策，自动计算销售收入、成本费用、利润等，并根据法规和规定计提应交税费。同时自动生成结算凭证和相应的结账报表，结算凭证记录了结账过程中的各项调整和计算结果，结账报表包括结转汇总表、损益表、税费表等。

1. 凭证汇总与归档

自动化结账系统会自动汇总会计周期内的所有凭证，将它们按照日期顺序整理。同时，系统会根据凭证中的科目和分类信息，自动对凭证进行分类，并将它们归档到相应的会计科目或账户中。

2. 计算期末余额并试算平衡

在汇总和归档完成后，系统会自动计算每个会计科目的期末余额，包括借方和贷方的金额。自动化结账系统会根据期末余额，自动生成试算平衡表，验证会计等式是否平衡。

3. 指标计算及会计调整

基于汇总的数据，进行各项指标的计算。例如，计算营业收入、成本费用、税金等。在需要的情况下，自动化结账系统可以进行会计调整，处理尚未完成的交易或其他调整事项，如计提费用、折旧、摊销等。

4. 余额清零

在完成以上工作后，将每个会计科目或账户的余额清零，为下一个会计周期做好准备。

操作步骤

自动化结账系统首先根据会计准则和政策自动生成相应的结转分录，并自动调整各个科目的余额，以确保准确的结账结果。其次，进行期末结账前的检查，主要检查内容为库存成本核算、期初余额检查、凭证检查、损益结转检查和资产情况检查，核实无误后，财务人员可直接进行结账操作。

1. 期末结转损益

点击左侧菜单栏中"记账"选项，选择"结转"，再点击右侧界面中"期末凭证"按钮，在弹出的"结转损益"功能窗口中，点击右上角"样式"按钮，即可进入自定义设置，财务人员可以选择收入、成本费用科目合并结转，也可选择分开结转，点击"保存"即可实现损益科目的自动结转，点击"查看凭证"即可查看自动生成的结转凭证（见图 10 – 29）。

图 10 – 29　生成期末结转凭证

2. 期末结账检查

在期末结账界面点击"立即检查"按钮，系统即可自动进行检查库存成本核算、期初余额检查、凭证检查、损益结转检查、财务报表和资产情况检查。若所有检查项都为"√"，则可直接结账，生成本期报表，若存在"！"的异常提示，财务人员需要根据提醒，进入相应的模块进行操作，在所有检查无异常后才可以结账（见图 10 – 30）。

图 10 – 30　期末结账检查

3. 直接结账

检查完成，没有异常时点击"直接结账"按钮，进行结账（见图 10 – 31）。

图 10 – 31   期末直接结账

10.4   本章小结

利用计算机技术和工具，将烦琐的记账、登账和结账任务由人工操作转变为自动化处理，促使企业财会人员将更多的精力投入为企业管理服务中去，挖掘财务数据资产的价值，进一步加深"业财税管"的融合程度。通过本章节对自动化记账、登账和结账功能与流程的介绍，使学生掌握自动化账务处理的具体操作，加深其对账务处理流程的认知。

 思 考 题

1. 谈谈未来智能账务处理系统中记账模块应该如何改进。

2. 相较于传统模式下人工审核、录入凭证，再将经济业务逐笔记录至会计账簿，并手工核算各会计科目余额这一过程，列举几个自动化登账的优势。

3. 试述自动化结账操作的步骤。

思考题要点及讨论请扫描以下二维码：

第 11 章

报表生成自动化与可视化显示

 本章重点

1. 熟悉报表自动生成的内在逻辑。
2. 了解特色财务报表如何编制。
3. 掌握报表分析的基本方法,理解可视化报表的关键信息。

　　财务报表的制作是一个相当复杂的过程,即使是电算化会计时代,企业财务人员仍然需要录入复杂的公式来完成财务报表的制作,而且生成的报表只是最终的财务数据,不方便管理和业务人员直接理解和应用,这导致即使生成了会计报表,不同使用者仍需要对其进行分析处理,才能将其应用于企业经营管理。而智能账务系统可以根据内置的标准报表公式,将企业账务数据汇总核算,实现报表的一键生成,并可以根据管理人员的需要进行数据分析建模,并根据财务报表、分类处理的财务数据和数据分析模型,生成可视化的图像等,极大地方便了企业管理,使财务数据的应用更加广泛和方便。财务报表的一键生成和可视化分析由财务机器人直接对数据进行处理,减少了人工处理过程中的数据纰漏,极大地减轻了企业财务人员的数据处理过程;将企业财务数据和业务数据相连接,以更加直观的方式呈现给企业业务和管理部门,便于分析和理解,扩大了财务数据的应用范畴,也是数据资产化的一个重要表现。

11.1 报表自动化生成

　　对于大型企业来说,一份集合各子公司及分支机构的合并财务报表的诞生常常不会那么容易:从最开始的数据催收、查阅汇率、科目余额汇总、编制合并抵销分录,到最后的财务报告生成,以及核对校验等,这些繁复的操作对许多财务从业者来说或许都是一个枯燥却又不失其必要性的过程。但随着科学技术的发展，利用计算机和相关软件工具，通过预设规则和自动化流程，自动生成财务报表或其他类型的报表已成为现实，这能在很大程度上实现数据的快速更新、灵活的报表定制和多样化的导出设置，从而提高工作效率和质量。

功能概述

传统财务会计在编制合并财务报表的时候需要手工收集大量数据，并且每月从各子公司催收获取该月报表，经过手工汇总及合并抵销处理，编制完成该月的集团合并财务报告，而财务机器人的应用可以使这一工作得到极大改善。

1. 数据收集和处理

系统会自动从多个独立账簿和报表中提取需要合并的数据，这些数据可以来自不同的部门、分公司或业务单位。同时，财务机器人会实时监控收件箱，收集各子公司报送的月报文件并发出催收提醒。自动化系统会对提取的数据进行清洗和处理，确保数据的准确性和一致性，这可能涉及格式转换、数据规范化、去除重复数据等操作。

2. 数据合并

系统会根据设定的合并规则和逻辑，将多个报表的数据进行合并，汇总到一个统一的报表中。在此过程中要注意两点：一是根据抵销规则生成的合并抵销分录是否合理；二是要根据规则完成汇率数据和当月境内外合并数据的处理和计算。

3. 数据校验

报表生成自动化系统会自动对合并后的数据进行校验，确保合并过程中没有出现错误或遗漏。

4. 生成报表

一旦数据合并完成并通过校验，系统会自动生成合并后的报表，包括资产负债表、利润表和现金流量表等，也会根据企业的特定需求生成特色财务报表，如人力成本分析报表、产品成本分析报表等。

5. 报表输出

根据预设规则和要求，自动生成报表后，报表可以以各种格式导出，如 PDF、Excel、图像文件等，以便于查阅、打印和共享。

合并报表流程上财务机器人的应用，使报表数据能够自动汇总和合并抵销，实现了财务报表的全自动生成，极大地缩短了财务报告的生成周期。此外，财务机器人还可以及时发现并响应异常情况，降低人力成本，使员工可以把工作重心转移到具有更高附加值的工作上。

操作步骤

智能化会计处理系统中报表编制与生成模块基于类 Excel 报表编辑器，与总账系统无缝集成，内置取数公式，保证报表数据的及时和准确，同时将报表数据格式化存储，快速满足企业的各种数据分析需求，其基本流程如图 11−1 所示。

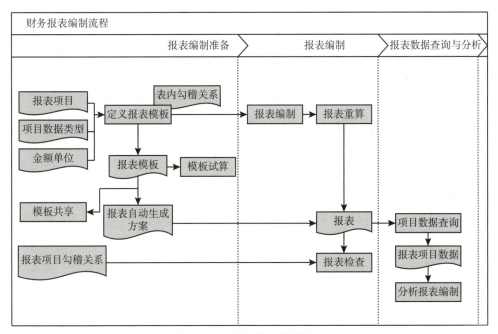

图 11−1 财务报表编制流程

资料来源：报表系统——金蝶云产品手册。

1. 基础财务报表生成

在智能账务处理系统左侧菜单栏中点击"模板"，在下拉列表中选择"报表模板"，即可查看系统中内置的三大报表模板。企业可在报表模板界面左上角选择按照小企业会计准则编制或按照一般企业会计准则编制（见图11-2）。

图 11-2　基础财务报表模板

报表生成系统将自动抓取总账等账簿中的数据，将其填至报表模板中，最终生成资产负债表、利润表和现金流量表三大主要报表。

（1）资产负债表。

对于资产负债表，由于报表项目与会计科目并不必然相等，且各个企业基于业务而设置的会计科目并不完全一致，因此财务人员有必要依据企业具体情况，对报表项目的数据形成设置运算规则，系统才能自动抓取相关科目总账中的余额数据进行运算，并填列在报表项目"期末余额"中（见图11-3）。例如，"货币资金"项目应根据库存现金、银行存款、其他货币资金科目的期末余额合计填列，财务人员可以点击"货币资金"右侧"✐"样式图标，进入公式编辑页面（见图11-4），选择科目名称为"1001 库存现金"，运算符号为"＋"，取数规则为"期末余额"，点击"添加"，即可将这一规则计入，而后再依次将银行存款和其他货币资金按照相同的方式录入，点击"确定"保存该运算规则，系统就会自动抓取本期末上述三科目的余额，合计运算后放置在"货币资金"项目的期末余额中。完成本期余额填列后，"年初余额"栏内各项目的数字，可根据上年末资产负债表"期末余额"栏相应项目的数字填列，由此即生成了一张包含本期数据与上期可比数据的财务报表。

图 11 – 3　资产负债表

图 11 – 4　资产负债表数据生成

（2）利润表。

对于利润表，首先，系统根据设置好的规则在收入、成本和费用类科目的总账中自动获取发生额数据，并进行填列（见图 11 – 5）。例如，营业收入项目包含主营业务收入和其他业务收入这两个会计科目，财务人员可以点击右侧"🖊"图标，进入公式编辑页面（见图 11 – 6），选择科目名称为"5001 主营业务收入"，运算符号为"＋"，取数规则为"借方发生额"，点击"添加"，而后按照同样的规则添加其他业务收入，点击"确定"保存该运算规则，系统就会自动抓取本期这两个科目的发生额，加总计算后放置在"营业收入"本期金额中。其次，"本年累计金额"栏内各项目的数字，可根据上期末利润表相应项目的"本年累计金额"栏数字加上本期利润表的"本期金额"栏数字填列。

图 11-5   利润表

图 11-6   利润表数据生成

（3）现金流量表。

资产负债表与利润表依据权责发生制，而现金流量表依据收付实现制，因此其编制规则不同于上述两个财务报表。首先，自动化系统应确定各类现金流量发生的主要事件，即系统收入支出活动事件，如收到客户付款、发出购买原材料的支票、收取银行贷款等。其次，事件发生后，收支数额确定，就可以根据相应的会计分录进行收支核算，确定收入、支出、现金净余额。最后，将系统收入支出活动事件编入现金流量表（见图 11 -7）。

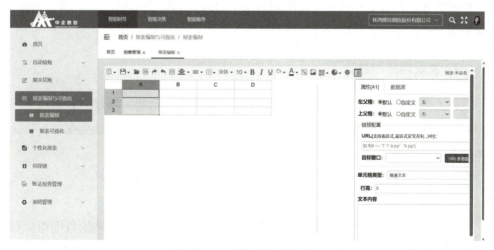

图 11 -7 现金流量表

2. 特色财务报表生成

企业还可以在智能账务系统中自行创建特色财务报表。在左侧菜单栏"报表编制与可视化"栏目下选择"报表编制"，即可出现 Excel 报表编辑器，财务人员可以设置报表样式、取数公式、数据源等，根据表单设计生成特色财务报表（见图 11 -8）。

图 11 -8 特色财务报表编制

11.2 报表可视化

报表可视化是利用图表、图形和可视化工具将报表数据以直观和易于理解的方式呈现的过程。通过选择合适的图表和可视化工具，可以根据数据类型和分析目的呈现报表数据，更清晰地展示数据的趋势、关联性和模式。报表可视化可以提高数据传达的效果和效率，帮助企业管理层更好地理解数据、发现关键信息，并支持决策和分析。

功能概述

报表可视化提供了一种强大的方式来展示和分析数据，帮助用户更好地理解数据、发现关键信息、支持决策和洞察。它具有交互性、实时性和易用性的优势，能为用户提供更深入、更有影响力的数据分析和报告，其主要功能包含以下六个方面。

1. 数据呈现和传达

报表可视化可以以图表、图形和可视化工具的形式呈现数据，使数据更加直观和易于理解。通过可视化，数据的趋势、模式和关联性可以一目了然地展示，帮助用户更好地理解数据的含义和重要性。

2. 发现洞察和趋势

报表可视化可以帮助用户快速发现数据中的洞察和趋势。通过图表和图形的可视化呈现，用户可以更容易地发现数据的异常值、峰值、周期性变化等，从而提取有价值的信息和见解。

3. 决策支持

通过报表可视化，用户可以更好地评估和比较不同选项或方案的数据指标和结果。可视化工具可以提供多个视角和交互功能，帮助用户进行数据探索和分析，支持更明智的决策制定。

4. 实时监控和仪表盘

通过报表可视化，可以实现对关键指标和业务绩效的实时监控。仪表盘和指标卡可以提供实时的数据更新和汇总，帮助用户随时了解业务状况，并及时作出相应的调整和决策。

5. 数据交互和深入分析

报表可视化工具通常具有交互性，用户可以与图表进行互动，进行数据过滤、排序、切片等操作，深入挖掘和分析数据，这有助于发现更深层次的洞察和关系，并提供更全面的数据分析能力。

6. 可视化共享和报告

报表可视化可以以各种格式导出，如图像、PDF、交互式报告等，方便与他人共享和呈现。通过可视化报告，用户可以将复杂的数据和分析结果以简洁和易懂的方式展示给利益相关者，以提高报告的可读性和影响力。

操作步骤

智能账务系统已嵌入八种报表可视化呈现模板，系统将自动抓取财务报表中的数据，根据内置的计算公式进行计算，而后呈现在可视化报表中。在左侧菜单栏点击"个性化报表"，即可进行查看。

1. 公司财务分析可视化

财务分析可视化模块主要对企业偿债能力、盈利能力、营运能力及发展能力进行分析。偿债能力分析通过比较企业的债务与其可用的现金流、利润或资产，来评估企业的偿债风险和偿还债务的能力，有助于利益相关者评估企业的财务稳定性和债务风险；盈利能力分析帮助企业评估其盈利水平、利润结构和盈利能力的影响因素，对投资决策、经营决策和业务战略制定具有重要的指导作用；营运能力分析可以评估企业的资金周转效率、现金流管理和供应链效率，从而提高其运营效益、降低风险和改善现金流；发展能力分析可以评估企业在竞争环境中的竞争力和可持续发展能力，为其制定战略计划和资源配置提供依据。总之，这四项能力分析相互关联，共同提供了对企业财务状况、运营表现和发展潜力的综合评估，为管理层提供了重要的决策和评估价值（见图11-9）。

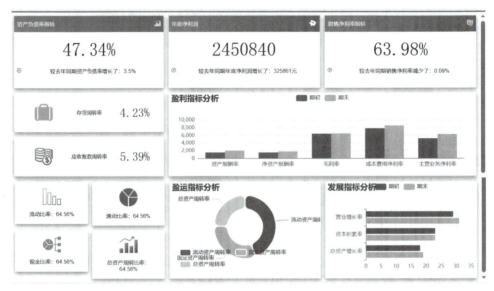

图 11-9　公司财务分析可视化

2. 科目分析可视化

科目分析是对企业财务报表中的会计科目进行深入研究和分析的过程，可视化报表将从纵向角度比较各月各个会计科目的余额情况，同时进行占比分析和平均值分析。这一可视化呈现涉及对会计科目的性质、组成、变动以及与其他科目之间的关系进行评估和解释，有助于管理者理解企业的财务状况、经营活动和盈利能力等重要信息，同时也有助于发现异常项目并进行追溯（见图11-10）。

3. 成本中心可视化

成本中心可视化数据来自采购、生产等系统。通过各成本费用实际发生数与预算数的对比，管理层可以评估实际支出是否在预算范围，如果实际成本费用超出预算，管理层需要采取相应的控制措施，如削减费用、重新分配预算或制定更有效的成本控制策略，以确保预算目标的实现；管理层还可以识别和分析费用的异常情况，如果某些费用明显超出预算，管理层可以深入调查和分析，确定原因并采取相应的纠正措施。通过项目、科目、部门支出排行分析及支出趋势分析，管理层可以评估各部门、项目或团队的绩效表现，并据此作出激励决策（见图11-11）。

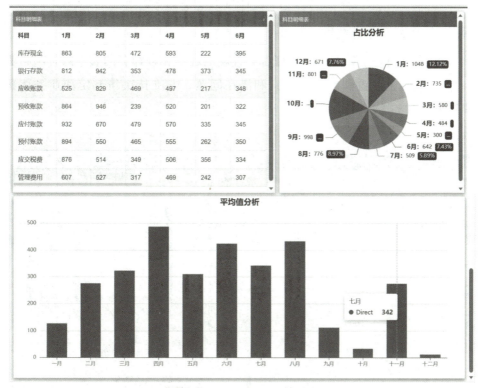

图 11-10　科目分析可视化

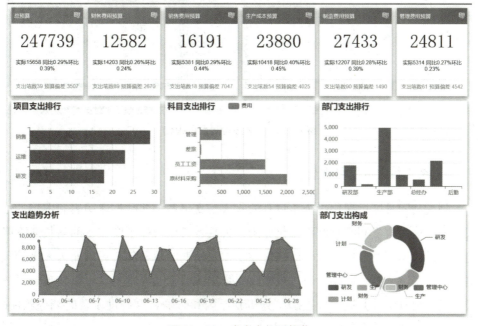

图 11-11　成本中心可视化

4. 财务利润表可视化

利润表可视化呈现能够使管理者更直观地观察和解释利润表中的各项指标和趋势，揭示企业盈利的关键因素和潜在问题，并支持决策制定和业务优化（见图 11 – 12）。

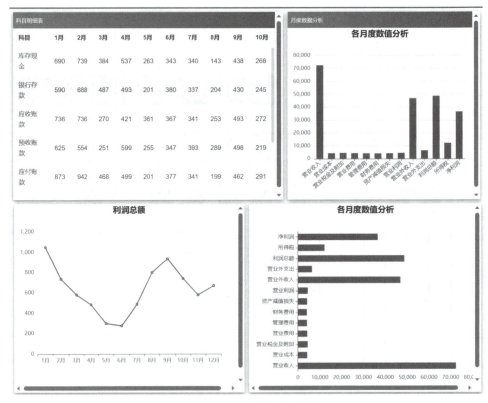

图 11 – 12　财务利润表可视化

5. 收支利润月度可视化

收支利润月度可视化将企业每月的收入、支出和利润数据以图表和图形的形式呈现。通过收支利润月度可视化分析，观察者可以快速了解收支的增长或下降趋势，进而识别季节性变化、周期性波动以及长期的盈利趋势，从而为未来的预测和规划提供依据。此外，通过观察收支数据的波动和异常点，可以发现异常的收入或支出月份，并进一步追踪，分析其原因和影响，这有助于及时调整策略、纠正问题，并优化盈利能力（见图 11 – 13）。

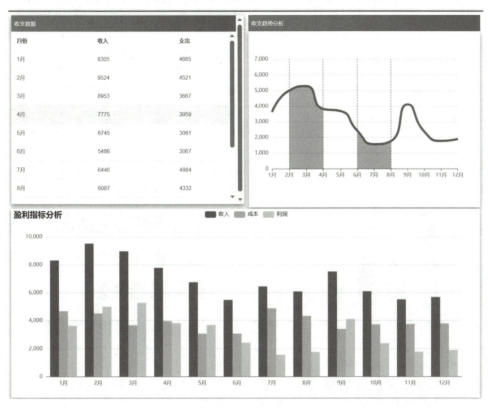

图 11 –13 收支利润月度可视化

6. 成本费用分析可视化

成本费用分析旨在深入了解企业的开支结构、成本构成以及费用分布情况，帮助管理者和决策者更快速地发现成本费用的趋势、结构和关联性。通过对比不同时间段之间的成本和费用数据，可以发现变化和趋势，找出影响成本费用的主要因素。另外，还可以分析成本和效益之间的关系，评估项目或投资的经济效果。成本费用分析为管理者和决策者提供了有关经营成本的详细信息，帮助他们作出明智的商业决策，包括产品定价、生产规划、资源配置等。通过对成本费用进行深入分析，企业还可以找出成本高昂的项目，采取相应的措施控制成本，提高盈利能力（见图 11 –14）。

图 11 – 14　成本费用分析可视化

7. 固定资产统计分析可视化

固定资产统计分析可视化模块将企业的固定资产按照不同分类标准进行统计，如按照资产种类、使用部门、使用寿命、资产状态等分类，以便管理者更好地了解各类固定资产的构成和分布情况，从而优化资产配置、提高资产利用效率、降低经营成本、提高企业的盈利能力和竞争力（见图 11 - 15）。

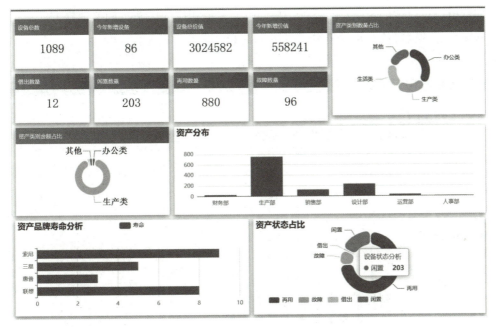

图 11 - 15　固定资产统计分析可视化

8. 销售统计分析可视化

通过对销售数据的统计和分析，企业可以更好地了解销售情况、销售趋势、销售业绩等，从而作出更明智的销售策略和决策。销售统计分析可视化模块主要包含三部分内容：一是销售目标完成情况；二是销售回款情况；三是月度销售数据纵向分析。

通过对销售目标完成情况的分析，企业可以了解销售绩效，评估销售计划的执行效果，找出销售业绩的优势和不足，为制定下一阶段的销售策略和目标提供依据。同时，这种分析还有助于激励销售人员，提高销售团队的士气和工作积极性。定期进行销售目标完成情况分析，有助于企业保持敏锐的市场感知，适应市场变化，提高销售业绩和竞争力。

通过销售回款情况分析，企业可以了解销售收款的情况、速度和稳定性，以评估企业的回款能力和资金运营状况，在及时发现回款问题后采取措施优化回款流程，提高回款效率，避免资金链断裂。同时，分析回款情况还可以帮助企业做好资金预测和规划，确保企业的资金流动和经营活动正常运转。

通过月度销售数据纵向分析，可以发现销售的季节性变化、销售趋势以及销售的增长或下降情况，为制定销售策略和决策提供依据。此外，月度销售数据纵向分析还可以帮助企业及时发现销售问题，采取相应的措施，调整销售方向，以保持良好的销售势头和竞争力（见图11-16）。

图 11-16 销售统计分析可视化

11.3　本章小结

本章通过介绍基本财务报表的编制规则，以及报表可视化的分析示例，引领学生掌握报表的生成逻辑，使其掌握数据分析建模从而生成可视化图像的具体操作，培养学生挖掘财务数据资产价值的能力。

思 考 题

1. 智能账务系统中基础财务报表是怎样生成的？

2. 试编一份特色财务报表。

3. 为什么报表可视化在业务决策中如此重要？列举几个实际案例，说明通过报表可视化对业务决策产生的影响。

思考题要点及讨论请扫描以下二维码：

参 考 文 献

［1］蔡姗玲. 基于机器人流程自动化的企业智能财务的实际运用［J］. 全国流通经济，2022（9）：51–53.

［2］陈虎，孙彦丛，郭奕，等. 财务机器人［J］. 财务与会计，2019（16）：58.

［3］陈婷蔚. 人工智能在会计领域的应用探析——以德勤财务机器人为例［J］. 商业会计，2018（10）：77–78.

［4］程平，王文怡. 基于RPA的财务共享服务中心费用报销优化研究［J］. 会计之友，2018（13）：146–151.

［5］李宜静. 财务机器人的应用现状与改进措施［J］. 上海商业，2021（11）：22–24.

［6］刘光强，干胜道，段华友. 基于区块链技术的管理会计业财融合研究［J］. 财会通讯，2022（1）：160–165.

［7］刘妍，耿云江. 价值链视角下的数据资产价值创造［J］. 财务与会计，2022（4）：52–55.

［8］钱志鸿，王义君. 物联网技术与应用研究［J］. 电子学报，2012，40（5）：1023.

［9］邱月华. "区块链＋会计"的目标、挑战与发展对策研究［J］. 会计之友，2021（18）：148–153.

［10］田高良，陈虎，郭奕，等. 基于RPA技术的财务机器人应用研究［J］. 财会月刊，2019（18）：10–14.

［11］王晟. 智能制造生态系统耦合关系研究——互联网与大数据视角［J］. 经济研究导刊，2018（9）：167–168，172.

［12］王玉，赵刚，卢鹏翔. 浅析大数据分析在物资供应链管理中的应用［J］. 中国物流与采购，2022（3）：65–66.

［13］韦德洪，陈势婷. 论智慧财务管理的内涵、外延、特点与应用［J］.

会计研究，2022（5）：40 – 48.

　　[14] 魏佳思．基于 RPA 的企业智能财务共享中心建设问题研究［J］．中州大学学报，2020，37（4）：42 – 46.

　　[15] 张佩．基于区块链技术的跨境云审计服务系统构建［J］．中国注册会计师，2022（11）：59 – 64，2 – 3.

　　[16] 人工智能技术财务应用蓝皮书［EB/OL］．智能财务研究院，2022 – 11 – 18.

　　[17] 中华人民共和国国家互联网信息办公室．数字中国发展报告（2022年）［EB/OL］．中国网信网，2023 – 05 – 23.

　　[18] 全球数字经济白皮书（2022 年）［R］．中国信息通信研究院，2022.

　　[19] 中国数字经济发展研究报告（2023 年）［R］．中国信息通信研究院，2023.

　　[20] 朱国军，孙军．智能制造核心企业的形成机理——创新生态圈与互联网融合视域下双案例研究［J］．当代经济管理，2021，43（2）：24 – 31.

　　[21] Ashton K. That "internet of things" thing［J］．RFID Journal，2009，22（7）：97 – 114.